祖辈的智慧

隔代教养指导手册

浙江省关心下一代工作委员会
组织编写

浙江科学技术出版社·杭州

版权所有　　侵权必究

图书在版编目(CIP)数据

祖辈的智慧：隔代教养指导手册/浙江省关心下一代工作委员会组织编写；俞鎏容主编. — 杭州：浙江科学技术出版社，2023.12
ISBN 978-7-5739-0938-1

Ⅰ.①祖… Ⅱ.①浙…②俞… Ⅲ.①家庭教育—手册 Ⅳ.①G78-62

中国国家版本馆CIP数据核字(2023)第255611号

书　　　名	祖辈的智慧——隔代教养指导手册	
组织编写	浙江省关心下一代工作委员会	
主　　　编	俞鎏容	

出版发行	浙江科学技术出版社	
	杭州市体育场路347号　邮政编码：310006	
	办公室电话：0571-85176593	
	销售部电话：0571-85062597	
排　　　版	杭州万方图书有限公司	
印　　　刷	浙江海虹彩色印务有限公司	
开　　　本	710mm×1000mm　1/16	印　张　12.5
字　　　数	110千字	
版　　　次	2023年12月第1版	印　次　2023年12月第1次印刷
书　　　号	ISBN 978-7-5739-0938-1	定　价　58.00元

责任编辑	仇　轶　陈潇潇		责任校对	陈宇珊	
责任美编	金　晖		责任印务	叶文炀	

如发现印、装问题，请与承印厂联系。电话：0571-85095376

编委会

编委会主任　徐宏俊

编委会副主任　张绪培　朱小龙

编委会委员　王天肖　潘　铮　褚雯莉

主　　　编　俞鎏容

副　主　编　范洁琼　汪超艺

编写人员　（按姓氏笔画排序）

　　　　　　王绮琪　邓　钰　孙　晖　汪超艺

　　　　　　范洁琼　俞鎏容　柴吴科　章迪丽

　　　　　　谭　敏

前 言

习近平总书记指出："不论时代发生多大变化，不论生活格局发生多大变化，我们都要重视家庭建设，注重家庭、注重家教、注重家风。"随着社会的发展和城市的变迁，越来越多的年轻父母面临着职业发展与家庭责任的平衡难题。年幼的孩子们亟需全方位的照顾和高质量的陪伴，祖辈们随之越来越多地参与到孙辈的起居照顾、家庭陪伴、启蒙教育的过程中，隔代教养成为了家庭教育不可或缺的组成部分。

祖辈的深度参与带来了家庭教育的全新内容。例如，如何巧妙处理隔代教养与父母家庭教育的关系，如何实现隔代教养中"1+1大于2"的协同效应。我们发现，良好的隔代教养，不仅能够缓解现代家庭中的实际难题，更可以在家庭和谐、情感支持、文化传承等方面发挥重要的积极作用，对孩子的全面发展具有深远的正面影响。

为了更好地发挥祖辈在家风家教中的优势作用，帮助他们树立正确的隔代教养观念，掌握科学的教养方法，与

年轻父母形成育人的强大合力,我们特邀请深耕该领域的专家学者共同探讨、编写了本书。

本书共五个章节。第一、二章聚焦祖辈的自我调适和教育理念,第三、四、五章侧重孙辈的健康生活、行为习惯和意志品质。本书通过丰富的生活案例,深入探讨了蕴含其中的教育理念,结合实际问题提出了一系列指向明确的应对策略和操作建议,具有很强的可读性、针对性和实用性。本书图文并茂、语言平实,比较适合老同志阅读。

隔代教养不仅是当下家庭教育的现实需要,更是爱的传递和文化的传承。希望本书的出版,能够引发祖辈对隔代教养、协同育儿的共鸣和启发,帮助大家更自信、更从容地参与家庭教育,用自己特有的智慧陪伴孙辈们健康成长,进而增进家庭福祉,引领社会和谐,推进浙江"育儿友好型"社会的建设。

2023年12月

目 录

第一章 | 祖辈的自我调适

- 03　第一节　我和这个大家庭
- 11　第二节　我们沟通有妙招
- 20　第三节　我的生活丰富多彩

第二章 | 祖辈的教育理念

- 32　第一节　我能以平常心看待孩子
- 42　第二节　我用智慧应对孩子犯错
- 51　第三节　我能培养孩子的专注力
- 60　第四节　我和孩子一起坚守规则

第三章 | 孙辈的健康生活

- 72　第一节　我能从容应对孩子生病
- 81　第二节　我让孩子吃得健康又营养
- 91　第三节　我能理性看待孩子的磕磕碰碰
- 101　第四节　我带孩子亲近大自然

第四章 | 孙辈的行为习惯

- 114　第一节　我会引导孩子分享
- 123　第二节　我能帮助孩子管理情绪
- 132　第三节　我和孩子一起迎接新生命
- 140　第四节　我能应对孩子的叛逆期

第五章 | 孙辈的意志品质

152　第一节　我激励孩子热爱劳动

161　第二节　我教导孩子正确应对挫折

171　第三节　我能培养孩子关爱他人

180　第四节　我带领孩子爱家乡、爱祖国

189　后记

第一章
祖辈的自我调适

如何协调带孩子和个人生活？

零食吃还是不吃？

出现育儿分歧怎么办？

随着时代的变化和发展,城市中的双职工家庭越来越多。年轻的父母忙于工作,年幼的孩子无人照料,因此,我们祖辈就是他们最信赖的帮手。中国教育学会家庭教育专业委员会在《中国城市家庭教养中的祖辈参与问题调查报告》中的数据显示,近八成城市家庭存在祖辈(祖父母或外祖父母)参与孙辈教养的情况。孙辈的年龄越小,祖辈参与教养的比例就越高,其中幼儿园前为77.7%,幼儿园期间是72.9%,小学阶段仍占60.1%。由此可见,祖辈参与孙辈的教养已经成为一种社会发展趋势。

怀着对子女辛苦工作的体贴和对孙辈的疼爱,我们祖辈来到子女的小家庭中帮忙照料孩子。由于年龄差异,两代人的生活习惯、观念都有所不同,日常小摩擦、小冲突也就不可避免。尤其是在照料和教育孩子的事情上,我们和父辈可能会有各自的看法和做法,有时真是公说公有理,婆说婆有理。到底该听谁的?我们怎样才能更好地和父辈一起教养孩子?如何沟通才能避免育儿过程中发生矛盾?怎样调适自己在育儿过程中的消极情绪?本章的内容可能会对我们有所帮助。

第一节
我和这个大家庭

情 景 再 现

出现育儿分歧怎么办？

刘奶奶是个闲不下来的人。儿子一结婚，她就催着儿子要孩子，想趁着自己腿脚还灵活，帮忙带带孙辈，减轻一些儿子和儿媳妇的负担。没想到孩子出生以后，婆媳俩因为育儿观念的不同有了不少小摩擦。

孙女2个月大时，刘奶奶每天在固定的时间点抱着孩子去卫生间，孩子有时候不愿意，哭闹不止。儿媳妇很心疼，就跟刘奶奶说："妈，孩子还小，把屎把尿对孩子的脊柱发育不好，时间长了还容易尿频、脱肛。给她穿纸尿裤吧！"刘奶奶则说："让孩子养成固定时间拉屎拉尿的习惯比较好，你们以后也方便带。再说，孩子天天穿纸尿裤会闷着屁屁的。"双方各执一词，都不认同对方的做法。

孙女1岁后,在孩子吃饭的问题上,双方又产生了分歧。儿媳妇认为,孩子应该开始学习自己吃饭,饿了自然就会吃东西,不吃就说明孩子还饱着。刘奶奶认为,孩子自己吃可能会吃不饱,也不知道自己应该吃多少,而且孩子使用餐具的能力还很弱,经常会用手抓着吃,总是吃得满身满地都是,特别不卫生。因此,每到饭点,刘奶奶就会捧着一碗饭喂孩子吃完。孩子有时候不愿意坐在宝宝椅上吃饭,刘奶奶就端着饭碗追着孩子喂。儿媳妇看到了,马上制止了刘奶奶的行为,说这样会让孩子养成边吃饭边玩耍的坏习惯。

就这样,婆媳俩经常在如何养育孩子的问题上有着不同的看法,有时候闹得很不愉快。刘奶奶既委屈又难过,自己明明是为了孩子好,每次都是先喂完孩子自己才吃饭,为儿孙辛苦操劳了一辈子,不仅不被认可,还要被埋怨。

现象解读

教养行为的差异

在祖辈参与孙辈教养的家庭中，可能会出现各种生活、教育方面的分歧。这种分歧在很大程度上受到社会发展的影响。在过去，我们主要依靠代代相传的"过来人"经验把孩子抚养长大。现在，年轻的父母们会通过各种书籍、社交媒体等获取丰富的育儿知识，他们更愿意采用书本和专家推荐的科学方法养育孩子。

例如，案例中的把尿问题。没有足够的临床证据证明把尿与脱肛、髋关节脱位、心理压力大等问题相关，但不当的把尿方式，如刻板的定时行为，在不顾及孩子

意愿的情况下强行让孩子排尿、排便，都有可能会影响孩子未来的自主排尿、排便，甚至会引起尿频、易尿床、专注力差等问题。如果是察觉到了婴幼儿的排便信号，如孩子面部表情变化，身体扭动或突然无法解释的烦躁情绪，这时，排便行为便是由孩子主导的，大人抱起孩子只是起到辅助作用，那么这种行为我们就不必苛责。

再说说关于吃饭的问题。我们担心孩子不知饥饱，从而选择喂饭、追喂，这可能会导致孩子抵制进食，同时我们也会更加劳累。但父辈为了培养孩子自主进食而让孩子自行决定吃多少，也可能会造成饮食不规律的问题。因此，双方都需要参考科学的建议，从孩子健康的角度出发，辨别和筛选各自的经验和知识，摒弃不良的养育行为。

在面对孩子的其他问题时，我们也要科学地辨别和分析。我们和父辈作为育儿共同体，应当站在同一战线。大家劲往一处使，形成养育合力，孩子才能更健康、快乐地成长。

应对策略

1 **优化家庭成员分工，充分发挥各自优势**

祖辈和父辈在空余时间、体力精力、受教育水平等方面都各有优势，这就决定了双方可以在育儿中承担着不同的职责。我们有充足的时间和丰富的生活经验，能细心照料孩子的日常生活，愿意耐心陪伴孩子玩耍，是孙辈成长过程中可以完全依赖的陪伴者。并且，我们生活作息规律，勤俭朴实，能够言传身教，为孩子树立好的榜样。这些都是我们在育儿方面特有的优势。此外，在照料孙辈的生活起居、培养孙辈的行为习惯等方面，我们也有着比父辈更丰富的经验和更充足的时间。

父辈大多受过良好的教育，有很强的信息收集和学习能力，善于接纳新的教育理念，因此，父辈的育儿优势在于规划孩子的长远发展，如制订孩子在教育、成长等方面的规划，能为孩子未来的发展保驾护航。我们和父辈都是大家庭运转不可或缺的重要角色，协作发挥双方在经验、知识、精力等方面的优势，通过分工合作，相互借鉴，达成"1+1大于2"的效果。有了我们的倾力协助，父辈可以缓解工作与育儿的冲突，我们也在育儿过程中建立起与父辈、孙辈更深的情感联系，享受天伦之乐。

❷ 加强育儿问题交流，智慧沟通，减少矛盾

祖辈和父辈作为家庭育儿的主力军，一方侧重经验，一方侧重知识。如何令双方的经验和信息流通起来，让彼此的合作更顺畅？这就需要我们祖辈和父辈积极沟通，听取彼此建议中合理的部分，调整各自的养育行为。父辈可以从祖辈的实践经验中学习"新手育儿小窍门"，例如，舒适的抱娃姿势或拍嗝手法；而祖辈也可以从父辈的分享中了解更前沿、更科学的育儿知识，共同促进孩子的健康成长。

当遇到育儿观念或方法上的分歧时，双方可以通过沟通和协调化解很多潜在的矛盾。如果父辈的养育方式更科学，尤其是涉及与孩子健康相关的问题，我们就应该相信科学，调整自己的养育行为，选择更利于孩子健康成长的方法；如果我们有更好的育儿想法和建议，尤其是在新生儿照护和培养孩子良好行为习惯等方面，我们在向父辈提出自己的想法后，可以简单说说这样做的原因，有理有据地沟通更有利于父辈接受我们的观点。

当两代人能够以孩子的健康发展为共同目标，积极共享经验和知识，听取彼此的建议时，家庭成员间会更加亲密有爱，孩子也会更加快乐。

试试这样做

1. 适度介入育儿事务

我们在照顾孙辈时不用过度焦虑,也不必包揽一切育儿事务,承担过多的育儿责任。父辈是育儿的第一责任人,我们是这个小家庭的"帮忙者",可以在父辈力所不及的时候搭把手,把他们从"焦头烂额"中解放出来。

当父辈结束工作回到家时,我们要让他们承担起育儿"主角"的责任,让他们多一些学习和实践的机会,也多一些陪伴孩子成长的机会,不能因为不放心或者看到他们在抚养孩子时存在不足,就大包大揽过来。例如,父辈可以承担给孩子洗澡、陪孩子玩耍、哄睡的任务。

2. 保持开放包容的心态

我们需要认识到,当父辈提出不同的意见时,他们并不是要挑战我们的权威,而是出于科学育儿的目的。我们可以尝试以更加开放包容的心态与父辈交流育儿问题。

虽然年轻的父母们掌握了比较多的育儿知识,但他们缺乏与孩子相处的经验。这个时候,我们的经验就能帮助父辈结合孩子自身的特点有选择性地利用理论知识开展育儿。例如,孩子哭闹时,我们可以把孩子抱起来安抚,同时告诉父辈,孩子哭是因为他饿了、尿了或是想睡觉了，我们找到原因并解决后，再抱抱孩子，孩子就不哭了。

除此之外，我们也可以主动去接触和了解一些科学育儿知识。例如，当孩子生病去医院时，我们可以询问医生什么做法是正确的，什么做法是对孩子不利的；当听到父辈说"你这种方法不对"时，可以询问父辈："什么样的方法是正确的？你们告诉我怎么做，我试着做做看。"还可以通过权威的社交媒体学习育儿知识，如医院、儿科医生的公众号和视频号，这些平台经常会发布与育儿有关的资讯，可以帮助我们了解孩子成长发育的特点，以及一些养育方式上的误区。我们通过学习提升自己的育儿素养，化身"育儿达人"。

第二节
我们沟通有妙招

情 景 再 现

零食吃还是不吃?

周二的傍晚,爷爷去幼儿园接乐乐。回家路上,乐乐兴高采烈地举着一朵小红花跟爷爷说:"爷爷,今天我在幼儿园帮助别的小朋友,李老师都夸我了,还奖励我一朵小红花!"爷爷听了,也为乐乐感到骄傲:"乐乐真是个乐于助人的好孩子!"乐乐更开心了,向爷爷撒娇道:"爷爷,可以奖励我吃雪糕吗?我想吃!"爷爷笑着说:"好,好!我给乐乐买。"乐乐吃着雪糕开心地回家了。爷爷看到乐乐这么开心,心里也跟着高兴。

爸爸看到乐乐在吃雪糕,马上生气地说:"不准吃这些垃圾食品,赶紧拿过来,不许吃了!"乐乐看着爸爸生气的样子,害怕地躲到了爷爷的怀里。爷爷搂着乐乐说:"孩子喜欢吃就给他吃点啊!"爸爸有些激动地说:"他喜欢吃你就给他买?吃那么多又冰又甜的零食,蛀牙了怎么办?以后难受的还不是他?"爷爷觉得爸爸有些大惊小怪,马上反驳爸爸:"哪有这么严重?注意刷牙就没事了!"爸爸的嗓门更大了:"我这边说了不准他吃,转头你就给他买,孩子以后就知道钻空子了!还怎么立规矩!"爷爷也有些生气了:"你能不能别什么事都上纲上线,根本没有你说得那么严重!孩子今天在幼儿园表现好,我奖励他吃雪糕,不行吗?"说罢,就拿着剩下的雪糕给乐乐,说道:"乐乐吃,不怕,这是爷爷给你买的。"

现象解读

教育不一致

教育不一致是指家庭成员表现出的对孩子的教育观念及行为上的不同。在祖辈参与育儿的家庭中，这种不一致尤其明显。两代人所处的时代环境不同，本身在生活方式、教育观念上就存在差异。而孩子作为家庭成员的焦点，围绕孩子引发的教养观念和行为上的摩擦也最为明显。

当代父辈越来越关注孩子的未来发展，注重培养能让孩子长期受益的行为习惯、性格品质等。他们往往对孩子严加管教，杜绝不良行为的发生。如案例中的爸爸不准乐乐吃零食，就是担心乐乐养成爱吃零食的习惯，从而容易蛀牙，并且零食吃多了就吃不下饭，未来也会影响孩子的身高，这是父辈出于对孩子健康成长的考虑而做出的判断。

我们祖辈通常更关注孩子当下的需求，注重孩子的情绪，希望能尽可能地满足孩子的"小要求"。很多祖辈会有这样的想法：看着孩子高兴我也高兴，因此，我们会尽力满足孩子的需求，让孩子开心。如案例中，乐

乐和爷爷分享了自己在幼儿园的优秀表现,提出想以吃雪糕作为奖励。爷爷立马给乐乐买雪糕,这是对乐乐的鼓励和肯定。

两代人观念的不同就导致了二者在教育行为上的不一致。双方的初心都是为了孩子好,但这种教育的不一致会对孩子发展产生不利的影响。童年期是培养孩子行为习惯和意志品质的关键时期,需要持续且统一的教导。如果我们和父辈总是在同一件事情上表现出不同的行为,那么孩子会十分疑惑。

我们和父辈态度的不一致,也会让孩子的规则意识变得"摇摆不定",甚至无法明辨是非对错。孩子很聪明,他们甚至会钻空子,在祖辈和父辈不同的行为中敏锐地找到支持自己的一方来满足自己的需求。例如,找我们一起做父母不允许做的事情,或者在做错事情后寻找我们的庇护。这些都会助长孩子投机取巧的心理,无益于孩子健康人格和良好行为的养成。

应对策略

1. 转变沟通方式，选择恰当的时机和技巧

为何我们和父辈间小小的育儿分歧常会上升为激烈的争吵？很大程度上，这是因为双方沟通的技巧、时机及表达方式不适合，小分歧才会升级为大冲突。为了让沟通更加顺畅，我们可以尝试以下三种沟通技巧。

首先，我们和父辈都要控制好情绪，避免情绪化的对话。当双方都处于激动的情绪中时，不仅会说出伤人的话，而且无法客观、冷静地听取对方的解释。其次，我们要注意沟通的时机，尽可能选择私下沟通，切忌将家长间的矛盾暴露在孩子面前。最后，我们在向父辈提建议时，可以选择温和、有效的表达方式。与其一针见血地指出父辈的各种错误行为，我们不妨先倾听父辈的诉求，了解他们为何坚持某些规则，再提出自己的见解和更合理的替代方案。

2. 祖辈、父辈和孩子协商规则，统一执行

我们要认识到，孩子也是家庭的重要一员，也有他们的权利和自由，因此，我们可以建议父辈邀请所有的家庭成员（包括孩子）一起参与某些家庭规则的商讨和制订。这样，孩子能够更加明确和理解规则的内容，同时，他们也会感受到自己是被尊重的,也会更愿意遵守制订的规则。

规则一旦确定,我们一定不能轻易地动摇和改变。我们要按照规则来安排孩子的日常生活,规范孩子的行为。孩子做错了事情,我们要鼓励孩子及时改正,不要帮着孩子在父辈面前隐瞒。即便出现案例中的特殊情况,我们也要积极和父辈协商、沟通,告诉他们自己破例的原因,让他们知道自己不是在纵容孩子,而是事出有因。父辈清楚情况后,就能理解偶尔的"破戒"了。同时,父辈也会因为我们提前说明情况而感受到自己是被尊重的,从而更加信任、支持我们的育儿决策。

试试这样做

1 以孩子的健康发展为出发点和父辈私下沟通

以下两种表达方式,哪一种方式更容易被父辈接受?

第一种

我知道你们给孩子定了不能吃零食的规则。但今天情况特殊,乐乐在幼儿园被老师表扬了,我想鼓励他,就给他买了零食,是我没有考虑到咱们和孩子的约定。如果再碰上这样的情况,我会问过你们的意见再决定。但是如果一直不准孩子吃零食,孩子嘴上馋,就会更想吃,物极必反,有时候也可以适当地满足他。

第二种

孩子还小,吃点零食怎么了?你们管这管那,孩子也不开心。我真是不理解你们教育孩子的方式!

以上两种方式都表达了自己的看法。第一种方式是先向父辈表达自己没有坚守规则的歉意,再说明要给孩子适当奖励的原因,最后陈述一直不给孩子吃零食可能会造成的不良影响。第二种方式则是在埋怨父辈的教育方式,否定他们的付出，这也会让他们感到挫败。显然，第一种方式更容易被父辈接受。因此，我们在和父辈沟通时可以尝试转变说话的方式，多肯定父辈，并从有利于孩子健康发展的角度出发沟通问题。

❷ 坚定维护共同制订的规则，与父辈保持一致

我们可以选择一些合适的时机，如全家一起吃饭的时候、饭后散步的时候，或安排一些有仪式感的活动如家庭会议，邀请父辈、孩子一起参与日常规则的探讨、制订和调整。商讨的内容要紧密围绕孩子的日常教养问题来展开，越细致越好。例如，每天几点前写完作业，每天的零食量，每天看电视、使用电子产品的时长。可以先给孩子"自己的事情自己做主"的权利，引导孩子为自我管理制订规则，然后我们和父辈进行复核。如果觉得合理，就采用孩子的想法，如果不合理，就需要跟孩子说明不支持的原因，并协助他们调整规则，例如，"你定下的看电视时间有点长，如果按照这个时间执行，你的眼睛有可能会生病。如果你想多一点休息时间，外婆建议你可以增加玩积木或者做手工的时间。""你定的零食量，可能会导致你蛀牙，牙痛起来，什么好吃的也吃不了了。"要让孩子明白规则的不合理之处，主动调整规则以达到更科学、健康成长的目的。

一旦制订了规则，那么，我们在任何时刻、任何场合都要尽可能地维护规则，不能轻易动摇、改变。例如，在乐乐跟爷

爷提出想用零食作为奖励时,爷爷可以先重申规则:"我们一起约定过不能随便吃零食,要不然会蛀牙的。"接着肯定和表扬孩子今天在幼儿园的表现:"你今天在幼儿园的表现很棒,回家后可以和爸爸商量一下,我也会跟爸爸解释。"最后,要提醒孩子:"我们不能吃得太多,吃完要及时刷牙哦!"这样既可以奖励孩子的优秀表现,又可以培养孩子"遇事好好沟通"的良好意识。

第三节
我的生活丰富多彩

情 景 再 现

如何协调带孩子和个人生活?

外孙出生后,杨奶奶看女儿、女婿工作都十分忙碌,就主动提出和老伴一起帮忙照看孩子。头两个月,杨奶奶几乎睡不了整觉,晚上起夜好几次,要安抚孩子,给孩子冲奶粉,还时常担心孩子没盖好被子等;白天,杨奶奶要做饭,打扫卫生,洗衣服,陪孩子玩,感到十分疲惫。随着孩子的慢慢长大,孩子渐渐学会了爬、走、跑,杨奶奶得时刻看着,生怕他一个不小心磕了碰了。长此以往,杨奶奶的身体越来越吃不消了。平时辛苦劳累不说,还总是被女儿说这做得不好,那做得不对。杨奶奶十分委屈,想着自己为这个家付出了这么多,忙前忙后却得不到认可,心情很是低落。

杨奶奶的老伴注意到她最近的笑容越来越少,时常沉着脸发呆，看起来闷闷不乐，就建议她跟女儿商量，调整目前的生活状态。一天晚上，等孩子睡下后，杨奶奶跟女儿进行了深入的沟通，向女儿诉说自己体力上的不足和心理上的疲惫，想在晚上和周末休息一下。女儿也意识到，自己全身心都放在了工作和孩子上，忽略了妈妈的感受。在仔细考虑后，女儿和女婿都调整了自己的工作时间，每天下班后轮流照顾孩子，周末也空出一天的时间，让杨奶奶休息休息，做些她自己喜欢的事情。

女儿女婿调整时间后，杨奶奶轻松了很多，她也有了自己的专属时间。杨奶奶会去跳跳广场舞，或约朋友散散步、聊聊天。有时候她也会参加社区组织的一些老年人活动，因此还认识了很多志趣相投的同龄人。每逢节假日，杨奶奶就和老伴爬爬山、旅旅游。自那以后，杨奶奶带孩子更有劲了，和女儿女婿的相处也更融洽了。

现象解读

育孙焦虑

育孙焦虑是指老年人在养育孙辈过程中出现的紧张、焦虑等负面情绪。尽管与孙辈的相处能让祖辈享受到天伦之乐，但随之而来的责任和紧张，也会让我们感到压力倍增。一方面，我们不辞辛劳，生怕孙辈在教养的过程中受伤、生病。另一方面，我们还会受到新时代育儿方式的挑战，很多时候，需要改变习以为常的养育模式。这些担忧、焦虑、委屈的消极情绪可能会伴随我们的带娃过程，需要及时地得到疏解。否则，这些情绪长期积压在心里，会对我们的身心健康产生负面影响。例如，案例中的杨奶奶在照顾外孙的过程中，不只是身体上疲惫，心理上也因为经常被女儿埋怨而感到委屈。这些负面情绪无处排解，导致杨奶奶陷入了身心俱疲的状态。

"育孙焦虑"的本质，是我们"老有所乐"的精神需求与繁重劳累的育儿事务间的矛盾。诚然，我们可以在含饴弄孙中感受到幸福，但也不必强迫自己过度投入育儿事务，包揽父辈全部的育儿职责。儿孙自有儿孙福，该放手时就放手。我们需要有自己的生活空间，通过做

自己喜欢的事情，体会除家庭之乐以外的个人之乐、友人之乐，让老年生活更加丰富多彩。就如案例中的杨奶奶，在跟女儿协商沟通后，她会在空余时间里去跳舞、散步、旅游，还通过社区里的活动认识了很多年龄相仿的老年人。身心愉悦了，我们带娃也更加有劲了，家庭关系也更加和谐了。

应对策略

① 明确角色，卸下重担

我们往往心疼子女工作辛苦，并且非常疼爱年幼可爱的孙辈，因而总想尽己所能帮父辈分担一些压力，却时常忽略了休息和娱乐。事实上，父辈应承担主要的育儿职责，在父辈实在无法顾及的时候，我们可以辅助和支持他们。我们含饴弄孙，和一大家子生活在一起，在育儿过程中收获幸福感。但我们也不能过多地替代父辈承担育儿责任，因为他们才是育儿过程中的主角。如果父辈缺席了孩子的成长过程，那么可能会对孩子的亲子关系、人格发展产生不利影响。

因此，当我们感到力不从心时，可以积极与子女协商沟通，让子女协调工作时间，在工作之余多陪伴孩子，鼓励他们多参与孩子的成长，和孩子建立良好的亲子关系。我们在琐碎、劳累的育儿生活中要多关注自己的身心健康，保证充足的休息时间，这样才能更好地协助子女育儿。

② 关注自我，愉悦身心

在享受天伦之乐的同时，我们要从忙碌的育儿生活中短暂抽身，做一些轻松愉快的事，将育儿过程中的消极情绪排解出去。人感到快乐和满足时，如同重新充满了能量，精力也就更充沛了。

有调查研究表明,情绪、生活质量、兴趣爱好,以及来自家庭成员和朋友的支持都会影响老年人的主观幸福感。我们的幸福感不仅可以来源于家人,也可以来源于自己喜欢的事物,因此,我们可以把部分注意力放回到自己身上,让自己身心愉悦。

试试这样做

1. 与父辈协商育儿，预留个人空间和时间

当我们感觉育儿压力过大时，要积极与父辈沟通，表达自己的情绪和感受，与父辈协商带娃的时间，重新分配育儿的责任。首先要让父辈转变观念：工作固然重要，但陪伴孩子成长也很重要。其次，在不影响父辈工作和照料孩子的情况下，预留我们的个人时间，让父辈履行带娃的职责。

例如，周一至周五以祖辈教养为主，那么周末、节假日就可以将孩子交给父辈照看。如果父辈白天工作比较忙，我们可以白天帮忙照看孩子，等父辈下班回家后，将孩子交还给他们。条件允许的话，爷爷奶奶与外公外婆可以轮换带娃。当养育责任分配给多位祖辈时，我们的教养压力就会小很多，个人时间也会更充裕。

2. 培养兴趣爱好，多参加社交活动

当我们有自己的生活爱好时，注意力会被分散许多，从而不容易在家庭事务中与父辈起冲突，也能够更加积极、乐观。在个人时间里，我们可以选择自己喜欢的生活方式，找一个自己的兴趣爱好，如唱歌、跳舞、种花、钓鱼、摄影、运动……在做自己喜欢的事情的过程中愉悦身心，找到自我价值。不少城区开办了老年大学，我们也可以在那里找到志同道合的同龄人，共同学习和交流。

积极参加社交活动也是一个不错的选择。我们可以多带孙辈在小区楼下散步，因为可能会遇到年龄相仿的老人也正带着孩子散步。当孩子们玩耍时，我们就可以与其他祖辈们聊聊天。时间长了，自然就彼此熟悉了。这不仅为孩子提供了社交机会，也让我们认识了一批聊得来的新朋友。此外，我们也可以去社区的老年人活动中心参与定期开展的各类活动，这不仅可以让我们学习到一些新技能，还能结识一群志趣相投的同龄人，拓宽自己的社交圈。

我们为大家庭辛苦操劳了半生，这个时候，不妨停下脚步，欣赏身边的风景，享受自己的生活！在带孩子的同时，选择自己喜欢的生活方式，度过充实又幸福的每一天。

第二章 祖辈的教育理念

- 执行规则时,孩子哭闹怎么办?
- 关心孩子和打扰孩子,矛盾吗?
- 孩子总不听话怎么办?
- 孩子不如别人家的「优秀」,怎么办?

随着社会节奏的加快,父辈们将更多的精力和时间投入到工作当中,留给家庭和孩子的时间并不多。我们的到来,在很大程度上缓解了父辈的生活压力,也为孙辈带去了更丰富的生活体验。但与此同时,我们也面临着新的挑战。

当看着别人家孩子名列前茅,而自己孙辈并不热衷于学业时,我们是否会埋怨:"你怎么不能学学你同学,人家每次都考第一名!"当我们一边认同"每个孩子都是独一无二的天使",一边不由自主地将自家孩子和他人比较时,是否会陷入矛盾却不知如何处理?

孩子从出生到长大成人,有无数次犯错的可能。当孩子不听劝告非要"干坏事"时,当孩子"捣蛋"时,我们是否会既生气又无可奈何?

我们时刻关注着孩子的一举一动,担心他们是不是渴了、饿了,当孩子独自玩玩具或学习时,我们能否上前表达关心?当我们觉得孩子可能需要帮助时,要不要立刻伸出援手?

俗话说"无规矩不成方圆",规则意识对孩子的习惯养成、人际交往、社会适应都有着重要作用。当孩子因不愿意遵守规则而向我们撒娇时,我们又该如何机智应对呢?

以上这些挑战时常发生在我们的带娃过程中,因此,我们需要与时俱进,学习一些教育理念和育儿小技巧,以便在和孙辈"斗智斗勇"的过程中以智取胜,做一个既温暖又智慧的新时代祖辈。

第一节
我能以平常心看待孩子

情景再现

孩子不如别人家的"优秀",怎么办?

六年级的欣欣和琪琪是同班同学,也是无话不说的好朋友。有一天,欣欣和琪琪一起写语文作业,欣欣奶奶在一旁看着她们,说:"欣欣,琪琪写的字多工整、多漂亮啊!"欣欣看看琪琪的字,再看看自己写的字,叹了口气说:"唉,怎么办呢?我的字怎么写都不好看。"

期末考试结束后,奶奶看着欣欣的成绩说:"欣欣考得不错,有进步。但是琪琪考了100分,你要多向她学习,继续努力啊!"听了奶奶的话,欣欣生气地说:"奶奶,你怎么老拿我和琪琪比,什么都是琪琪好,让她做你孙女好了!"

周末,琪琪妈妈送琪琪来欣欣家玩,奶奶一打开家门就对着琪琪妈妈夸奖道:"琪琪妈,你家琪琪不仅乖巧,学习成绩还这么好,写得一手好字,要是我家欣欣有琪琪一半优秀,我都不用操心了!"琪琪妈妈笑着说:"你们家欣欣也很棒,上次学校的唱歌比赛得了一等奖呢!"奶奶叹了口气,回答道:"那有什么用,学校考试又不考唱歌,要是她能在学习上和你家琪琪一样厉害就好了!"听到奶奶的话,欣欣的眼泪在眼眶里直打转,默默地转身离开了。

渐渐地,欣欣对自己越来越不自信,经常垂头丧气。她不再去琪琪家写作业了,在家做功课的时候经常捂着作业本不让奶奶看,生怕奶奶又要提醒自己把字写得再漂亮些。每学期的校园歌手大赛,欣欣也不再参加了,担心自己万一没发挥好被人嘲笑。每当同学建议她参加比赛时,欣欣总说:"奶奶说了,唱歌好没什么用,考试又不考唱歌。"欣欣原来是语文课代表,但她主动提出不再担任了:"字都写不好,我有什么资格当语文课代表呢?"欣欣默默地想。

现象解读

自我效能感

自我效能感是指孩子对自己能否成功完成某项任务的主观判断。自我效能感对孩子的健康成长有着极其重要的意义，主要有以下四个方面的功能。

第一，自我效能感决定了孩子对某项活动的选择和坚持。自我效能感强的孩子，更愿意坚持某项行为或参与某个活动，反之，自我效能感弱的孩子，更容易倾向于放弃。案例中的欣欣由于自我效能感降低，不愿意像往年一样参加歌唱比赛，也不愿意继续担任语文课代表。

第二，自我效能感会影响孩子面对困难的态度。自我效能感强的孩子，面对困难时往往会迎难而上，而自我效能感弱的孩子，面对困难时会更容易选择退缩。例如，当欣欣的自我效能感降低，认为自己写字不好看时，她选择捂住作业本不让奶奶看的方式来逃避问题。

第三，自我效能感会影响孩子新行为的获得和已获得行为的表现。较强的自我效能感可以帮助孩子表现已经获得的技能，并且更容易习得新的技能。而当孩子

的自我效能感降低时,孩子即使掌握了某项技能,也会因为缺乏信心,无法将掌握的技能表现出来。例如,案例中的欣欣明明很擅长唱歌,但当她的自我效能感降低时,她对自己最擅长的唱歌技能都开始缺乏信心了。

第四,自我效能感会影响孩子在活动中的情绪状态。自我效能感较强的人,在活动中会表现得自信、乐观,反之,自我效能感较弱的人,往往会缺乏自信,表现得比较悲观。

自我效能感的强弱是一个动态变化的过程。我们可以通过四种不同的途径来提升孩子的自我效能感。一是通过以往的成功经验,即成功完成任务或实现目标的经验,增强孩子的自我效能感。例如,如果我们鼓励欣欣参加歌唱比赛,欣欣从中获得了同伴的赞赏,这种成功的经验能够增强欣欣的自我效能感。二是通过他人的示范效应,即观察他人成功完成任务的经验提升孩子的自我效能感。例如,当看到琪琪写字很棒时,奶奶可以引导欣欣观察琪琪的握笔姿势,学习正确的握笔姿势。三

是通过社会劝说,即告诉孩子他们具备成功的能力。例如,欣欣在考试中取得了进步,奶奶的及时认可和肯定能够提升欣欣的自我效能感。四是通过情绪状态和生理唤起,积极的情绪状态,如乐观、自信,都有助于提高自我效能感。案例中的奶奶如果在欣欣唱歌的时候给予肯定,将会带给欣欣积极的反馈,从而逐步提升欣欣的自我效能感,欣欣也会渐渐地变得更自信。

应对策略

① 尊重孩子的个性，理解孩子的独特性

每个孩子都是独一无二的存在，都有着自己独特的成长轨迹。因此，我们应该学会理性看待孩子，并且尊重孩子。尊重孩子，意味着不仅要尊重孩子的个性，更要尊重孩子的个性化需求，因材施教，帮助他们健康成长。

此外，我们还应该为孩子提供多种渠道的学习和成长的机会。例如，可以鼓励孩子参加丰富多彩的课外活动，让他们在实践中学习，不断提升自己的能力，增强他们的自信心和自我效能感。

② 给予适当的认可和肯定，促进孩子的成长

我们可以对孩子的努力、进步和成就给予适当的认可和肯定。无论是在学业、兴趣爱好还是社交能力上，都可以发掘孩子的优点并鼓励孩子，强调他们的能力和价值。

在对孩子给予认可和肯定时，应注意以下三个方面。第一，认可和肯定要具体明确。相较于笼统的夸奖，例如"你真棒""你真是个好孩子"，具体的肯定可以让孩子获得强烈的愉悦感，让他们更清楚哪些行为是值得被称赞的，从而明确未来应该继续保持的行为。第二，认可和肯定要及时。只有及时的反馈才能强化恰当的行为，才能让孩子明白行为与肯定之间的因果关系。第三，认可和肯定不仅要看结果，更要看过程。由于身心发展水平和年龄等因素的制约，每个孩子达到某些发展目标的速度和时间是不同的，因此，我们不能用"同一把尺子"衡量孩子，不应以分数论一切，而要更关注孩子在这个过程中的学习品质的培养，如坚持性、专注性。

❸ 调整"攀比"心态，不对孩子提出过高要求

没有对比，就没有伤害。我们出于积极向上的生活态度以及对孙辈的殷殷期望，可能会不由自主地将自己家孩子与其他孩子比较，希望借此激励孩子，殊不知，"攀比"不但起不到激励作用，反而可能会给孩子造成不必要的负面影响，让孩子丧失自信心和进取的欲望。

我们应摆正自己的心态，保持清醒、冷静，根据自己家孩子的实际情况来规划孩子的童年，不要提出超过孩子能力范围的要求，更不要盲目地将自己家孩子的弱项与其他孩子的强项做对比。案例中，欣欣奶奶总是拿欣欣不擅长的事情与琪琪的强项做对比，如认为欣欣的字写得不如琪琪的好看，欣欣的学习成绩没有琪琪的好，导致欣欣渐渐丧失了自信心，开始自我怀疑，自我效能感也逐渐降低了。

试试这样做

❶ 关注孩子的个性需求，为孩子提供学习机会

每个孩子都有自己的优势和兴趣爱好，因此，我们要有一双善于发现孩子优点的眼睛，并助力孩子进一步发挥优势。例如，有的孩子文化课考试能力不是很强，但是具有舞蹈天赋，那么我们可以给予孩子充分的机会学习跳舞，而不是只注重文化课成绩。

此外，我们还应该鼓励孩子多多参与社会活动，给孩子提供相应的学习机会，让孩子在多样化、真实的生活场景中亲身体验，从中发现自己的兴趣。例如，我们可以带孩子徒步、爬山，在锻炼身体的同时培养孩子坚持不懈的毅力；我们也可以在传统节日时和孩子一起做美食，弘扬中华传统文化，培养孩子的手眼协调能力和专注力等。

❷ 运用"341肯定法"，给予孩子适当的认可

"341肯定法"中，"3"指3个任何，"4"指4个方面，"1"指1个标准。

3个任何：任何时间、任何地点、任何事件都可以成为我们肯定孩子的契机。例如，如果欣欣主动帮忙做家务，奶奶就应马上给予肯定。生活中孩子做得好的任何小事都值得被肯定，而不是仅仅关注成绩和比赛获奖。

4个方面：我们可以从4个方面表达对孩子的认同和理解。①肯定孩子的情绪。哪怕当孩子出现愤怒、难过等负面情绪时，我们也要包容孩子的情绪，允许孩子不开心。我们少说多听，给孩子倾诉的机会，不做过度评价，可以用开放式的提问引导孩子诉说，如"发生了什么事"；②肯定孩子做事的动机。哪怕孩子犯了错，我们也要放下主观判断，先询问孩子"你为什么这么做？"来了解事情的原委。如果发现孩子是"好心办坏事"，那么我们也要肯定孩子的初衷，不要一味地在意事情的结果；③肯定孩子做得好的方面。例如，经常被喂饭的孩子某天独自吃完饭，我们可以说："非常棒，宝贝能够自己独立吃饭了"；④肯定孩子需要提升的方面。孩子是一个可以独立思考的个体，我们可以引导孩子思考自己可以提升的方面。尽量避免使用"你就应该……""我早就说过……"等口头禅，要用肯定的语气说："如果再给你一次机会，你会怎样做？"

1个标准：我们如何判断我们对孩子的肯定是否有效果呢？有一个简单的标准，那就是"看孩子的正向感觉是否加强"。如果孩子变得更积极、更勇敢、更愿意挑战，那么就说明我们的肯定行为有了良好的成效。

③ 调整好自己的"攀比"心理

我们的愿望都是希望孙辈越来越优秀，但有时候我们也要克制自己过度"攀比"的心态。我们要客观地看待自己家孩子的优势和不足，不要对孩子提出过高的要求。例如，孩子的学习成绩不是很优秀，那么我们就不要拿孩子和班级第一名作比较。

我们要学会欣赏孩子身上的闪光点，尽量多使用一些鼓励性的语言。例如，"攀岩的时候，你摔了那么多次，但每次都勇敢地爬起来继续挑战，真有毅力！""你是一个对自己有要求、积极进取的孩子。看到你的进步和成长，奶奶为你感到自豪！"

此外，我们要客观看待孩子之间的差距，让孩子看见自己的进步空间。例如，孩子的考试成绩不理想，奶奶可以对孩子说："一次没考好不代表你不够聪明或不努力，可能是因为你疏忽了一些知识点。及时查漏补缺，下次一定会更好！"

第二节
我用智慧应对孩子犯错

情景再现

孩子总不听话怎么办？

西西今年四岁了，是一个活泼好动的小男孩。平日里爸爸妈妈工作忙，主要是由外公来照顾西西。外公年纪大了，面对西西的"调皮"和活泼好动有些力不从心，时常不知道该怎么做才能让西西听自己的话。

有一天，外公带西西在楼下玩，西西和小伙伴们玩起了钻山洞的游戏。玩着玩着，西西想出了一个"新点子"。轮到西西当火车头时，他跑着跑着就突然停下来，笑嘻嘻地说："火车要走走停停才有趣！"西西后面的小伙伴们因为西西的突然停住而措手不及，一个个撞在前面小伙伴的身上，小伙伴们生气地跟西西说："你别停下来！"可西西还是沉浸在自己的"游戏规则"里，坚持"小火车应该走走停停"。

一旁的外公看见了,立马劝说西西:"你不要这样了。"外公的话并未见效,西西玩了没一会儿,突然又停了下来,紧跟其后的小女孩来不及"刹车",撞到了西西身上,西西没站稳差点摔倒了。西西很生气,转过身和小女孩推搡起来。眼看两个孩子马上要打起来了,外公赶紧拉走西西。

外公严厉地批评了西西的行为:"我跟你说了不要这样,你为什么非得停下来?你看看别人是怎么玩的,为什么你就不能好好玩?活该被别人推!"西西"哇"的一下大哭起来,外公更郁闷了:"自己做错了还哭,有什么好哭的。"于是外公拉起西西的手想带他回家,可谁知西西一把甩开外公,还生气地把旁边的自行车踢倒了,嘴里嘟囔着:"我就要这样,我就要这样!"外公见西西丝毫没有意识到自己的错误,一气之下打了一下西西的屁股,西西哭得更大声了。

现象解读

幼儿"犯错"行为

年幼的孩子总是容易"犯错",例如不遵守游戏规则、和小伙伴抢玩具、对家长撒谎、拿别人的东西……这些都是很正常的现象。在应对此类问题时,我们首先要了解幼儿"犯错"的原因。

通常情况下,"犯错"是由幼儿身心发展水平有限导致的。孩子对世界的认知有限,还无法很好地理解社会的规则,无法分辨事情的对错,因此,他们可能是出于对新事物的好奇心和探究欲,而做出一些"错误"的行为。例如,有的孩子对插座上黑色的孔感到好奇,想知道黑乎乎的"洞"里面有什么,因此他们可能会用手指或者其他物品戳一戳插座孔。

儿童思维发展的特点也可能导致孩子"犯错"。学龄前儿童的思维带有自我中心倾向,也就是说他们思考问题、做事情往往只能从自己的角度出发,只顾着自己的兴趣和需要,而不会过多考虑他人的感受。如西西在玩开火车游戏时,只想到了通过新玩法满足自己内心的需求,而没有想到这样做会对别人造成不好的影响。

同时,3~6岁的孩子具有逆反心理。该阶段的幼儿自我意识、独立性迅速发展,渴望自己去探索,不想受约束。当外界强烈要求他们做什么时,他们往往会出现抵触情绪,做出相反的行为,而且越是被大人禁止的事情,越会引起幼儿的兴趣。

除此之外,我们还应该注意到,有时孩子会出于吸引他人注意力的目的而故意"犯错"。此类情况中的孩子通常是因为感受到自己被忽视、被孤立或者缺乏安全感,所以通过故意"犯错",如打翻玩具以发出很大的声响,抢夺同伴的玩具等行为来引起父辈、祖辈和老师的注意,从而获得更多的关注和关爱。

因此,我们要正确看待孩子的"犯错"行为。有时我们认为的"错误"并不是真正意义上的错误,也并不代表孩子的品行出现了问题。这些行为随着孩子年龄的增长会慢慢消失,我们需要在这个过程中不断给予孩子更多的理解和耐心,并提供正确的引导。

应对策略

① 学会倾听，看见孩子行为背后的原因

有时我们所看到的、所认为的，并不一定和孩子的想法完全一致。因此，当孩子"犯错"时，可以先给孩子一个解释的机会，了解孩子做错事背后的原因。我们可以询问孩子："刚刚发生了什么？你为什么要这样做？"而不是先入为主，习惯性地下结论，这样很可能会误会孩子。即使证实是孩子做错了，我们也可以先听一听孩子的理由是否合理。如案例中的西西，他只是想创造不一样的玩法，但西西外公先入为主地觉得西西是故意捣乱。如果外公听一听西西的想法，也许就能看见西西"创造性"的一面。

大多数时候，孩子"犯错"并不是故意的。如果我们发现孩子出现了"犯错"行为，那么这些行为背后一定会有孩子独特的原因和动机。如果我们不能看到孩子行为背后的真实需求，只从表面管教孩子，结果往往只会越来越糟糕。

② 保持冷静，用正确的方式让孩子意识到问题

有时我们一看到孩子"犯错"，心中难免燃起一阵怒火，想要马上纠正孩子的"错误"，一旦孩子没有听从，我们很可能会大声斥责孩子，全然忘记了要控制自己的情绪。其实，孩子发现自己犯错了也是很惊慌失措的，他们也会为已经发生的错误而懊恼。因此，我们首先要管理好自己的情绪，如果情绪过激，很容易说出伤害孩子自尊的话，反而不利于孩子改正错误。

不建议用打骂的方式教育孩子，因为这种方式可能会导致孩子缺乏安全感，害怕犯错，变得自卑。对孩子进行批评教育时应保持冷静，只针对孩子做的事情，而不对孩子自身做任何评判，不要给孩子贴标签，例如，不能说"你真是无可救药""你真笨"等负面语言。就事论事，严肃但不过激，才能真正达到教育的目的。最后，在严肃地批评孩子后，请给孩子一个拥抱，让孩子知道"虽然我犯了错，但大人还是爱我的"。孩子感受到来自祖辈的能量和爱，才会做得更好。

3. 摆正心态，帮助孩子从错误中学习

> 很多时候，我们不想看见孩子犯错，因为：
>
> 我们希望孩子完美——"他怎么能犯这么低级的错误呢？"
>
> 我们害怕孩子无法养成良好习惯——"现在就开始撒谎，以后怎么办？"
>
> 我们担心孩子发生意外——"这太危险了，孩子怎么能做这么危险的事情呢？"
>
> ……

我们每个人都是在错误中成长的,每一次犯错其实都是一次成长的机会。我们要做的是帮助孩子发现错误并解决问题。当孩子认识到自己的错误后,我们可以及时给孩子提出弥补的建议,帮助孩子学会对自己的错误负责。

如果我们能调整好心态,把孩子的"犯错"当成是一次次学习和成长的机会,告诉孩子犯错是正常的,错误是可以改正的,那么孩子就不会那么害怕犯错了。在我们的帮助和引导下,孩子也会学着在错误中正视问题、解决问题。

试试这样做

① 调整情绪，冷静面对孩子的错误

当我们因为孩子的错误而感到生气时，首先要先让自己的情绪稳定下来。我们可以尝试以下几种方法：一是深呼吸，尝试让自己冷静下来。二是先离开一会儿，当越看孩子越生气的时候，不妨离开一会儿，先平复自己的心情。三是转移自己的注意力，先去做点别的事情，等情绪平静下来再处理孩子的事情。

② 尝试把"不可以"变成"可以"

如果我们总是说"不可以"，这会让孩子感觉自己不被允许和接纳，从而让孩子产生逆反心理，他们很可能会一遍遍强化那些"不能做"的事情。相反，我们可以尝试用"你如果这样做就更好了"这类正面的、积极的话来激励孩子改变错误行为。例如，案例中西西外公说的话"你不要这样了"换成"西西，不要突然停下哦，小火车要赶快动起来，堵车了就糟糕了"，相信西西听后的反应就会有所不同了。

③ 掌握沟通技巧，与孩子智慧交流

当孩子犯错时，我们怎么做才能不发脾气也让孩子意识到错误呢？我们可以参考"四步沟通法"。

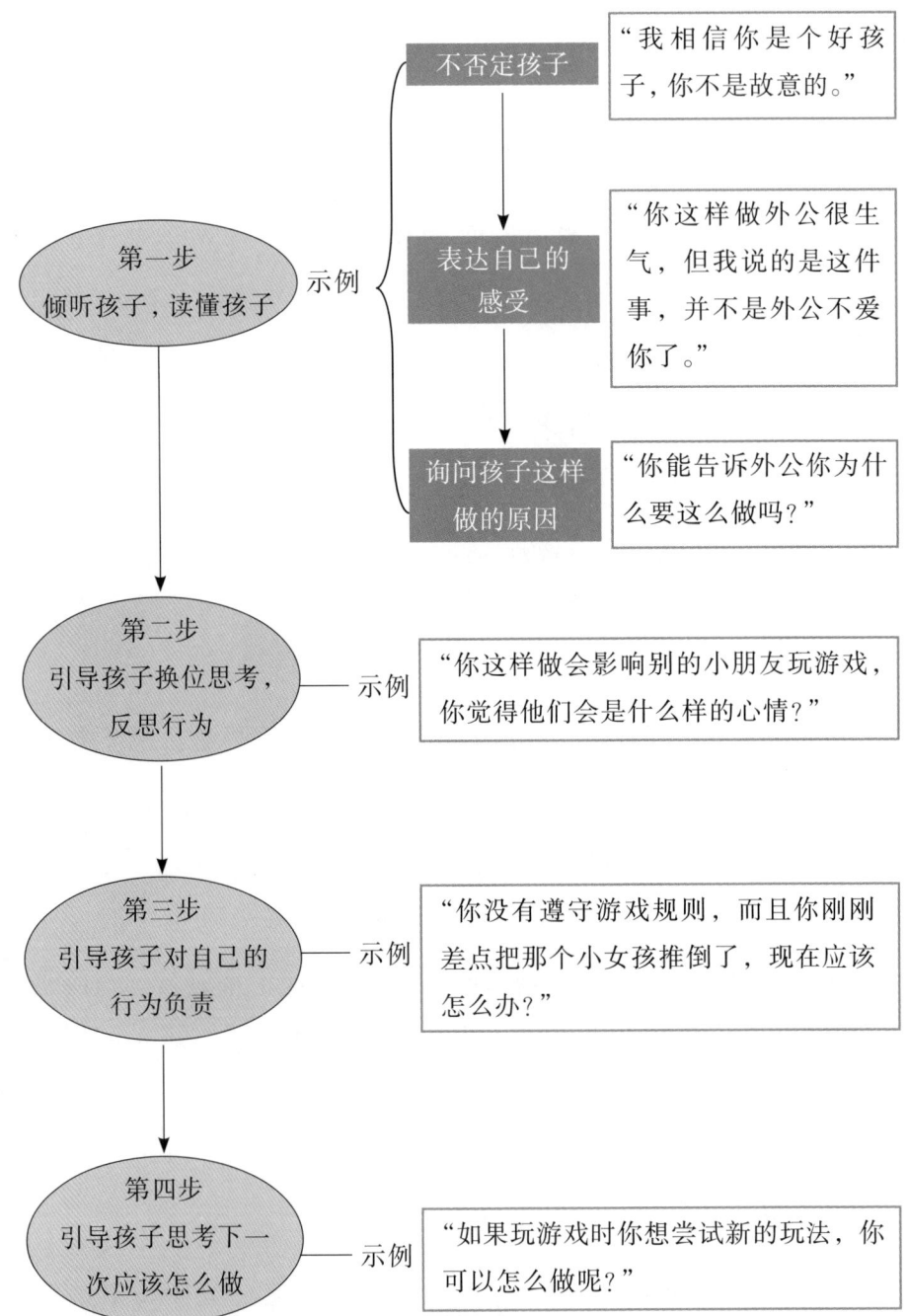

第三节
我能培养孩子的专注力

情│景│再│现

关心孩子和打扰孩子,矛盾吗?

五岁的贝贝特别喜欢画画。这天,他正坐在桌子前专心地画画,外婆走了过来,微笑着说:"贝贝,喝点水,喝水对身体好。"然而,贝贝像是没听见外婆说话一样,头都没抬一下。过了一会儿,外婆又走到贝贝身边,轻声说:"贝贝,吃个苹果,多吃水果身体好。"贝贝不情愿地放下画笔,勉强吃了几口苹果,然后又继续画画。

外婆端着剩下的苹果站在贝贝旁边,耐心地看着他的画。贝贝的画看起来有些凌乱,不知道画了什么。外婆好奇地指着一块黄色的区域,问道:"贝贝,这里你画的是什么,外婆看不懂呢,可以介绍一下吗?"贝贝没有回应。外婆又问了一次,贝贝有些不耐烦地回答道:"蜜蜂,在采花蜜。"外婆觉得蜜蜂画得不够形象，于是主动提出要帮助贝贝。外婆握住贝贝的小手，耐心地说："来，外婆教你怎么画一只蜜蜂。我们要先画一个圆圆的头……"贝贝显得很不耐烦，他急忙挣脱了外婆的手，大声喊着："不要！不要！"外婆有些不知所措地看着他，但仍然温柔地说："外婆帮你一起画，好吗？"贝贝皱着眉头，生气地把画笔甩在桌子上，跑开了。

外婆赶忙安抚贝贝："好好好，不画也可以，外婆陪你看书好不好？"贝贝的情绪逐渐平复，点了点头，伸出小手握住了外婆的手。两人一起坐到沙发上，翻开一本绘本开始阅读。贝贝靠在外婆的肩膀上，听着外婆讲故事。可才看了两页，贝贝就有些着急地打断了外婆的讲述，他迅速翻着书本，一下就翻到了最后一页。"看完啦！我要去看动画片了！"贝贝开心地把书一扔，转身就跑去开电视机了。

现|象|解|读

▍儿童专注力 ≫

儿童专注力是指在一段时间内儿童能够将注意力集中在特定的事物、活动或任务上,忽略其他干扰因素的能力。专注力在儿童的认知、情感和社交发展中扮演着重要角色。儿童专注力具有以下特征:

一是集中性和持续性。儿童能够专注于某个任务或活动,并持续一段时间,这需要他们克服外界干扰和内部冲动,保持对目标的注意。

二是自主选择性。儿童专注力通常是基于他们自己的兴趣和好奇心,他们更容易在自己感兴趣的领域表现出较高的专注力。

三是发展性。儿童的专注力是逐渐发展的,随着年龄的增长,他们能更好地控制和管理自己的注意力。

学龄前儿童的专注力短暂而不稳定,他们往往对环境中的刺激有着浓厚的兴趣,但很难保持长时间的注意,而且十分容易受到外界干扰。案例中的贝贝在绘画活动中表现出较强的专注力,他可以花很长时间绘画,这份专注力源于贝贝对绘画的喜爱。但如果外婆在一旁

端茶递水果或和贝贝聊天，这都会对贝贝专注画画的行为产生干扰。而阅读绘本并不是贝贝感兴趣的事情，因此他对读书的专注力明显弱于绘画。

步入小学后，儿童的专注力逐渐稳定，持续进行某一个活动的时间也会越来越长，并且有一定的抵抗外部干扰的能力。小学生在阅读一本有趣的图书时会展现出高度的专注力。他们可能会沉浸在故事中，忘记了周围的环境，直到完成阅读为止。

到青少年时期，专注力会得到进一步发展。孩子能更加自主地选择在哪些领域投入更多的专注力，以及更好地管理自己的时间。例如，他们可能在进行科学实验时表现出相当高的专注力，他们会投入很多时间来设计和执行实验，以探究特定的科学问题，而这些都需要他们有持久的专注力和耐心。

总的来说，儿童专注力的发展是一个逐渐变化的过程，会受到年龄、兴趣和环境等多种因素的影响。如果我们在适当的环境中给孩子提供支持和引导，那么就可以帮助他们逐步提升专注力。

应对策略

根据儿童发展心理学，培养孩子专注力的最佳年龄是3～6岁，我们可以参考以下三个有效策略。

1 减少干扰，创建舒适的环境

儿童专注力的发展会受到环境的影响，极易被外界干扰，因此，我们要为孩子创设一个干扰较少的环境。我们可以为孩子提供"专用活动空间"，将吃饭、学习、游戏等区域做一个清晰的划分，帮助孩子养成"在对的环境中做对的事情"的良好习惯。例如，吃饭的时候，孩子有专属餐椅，这样孩子一旦坐上吃饭椅，就会更容易将注意力集中在进食上。相较于边玩玩具边吃饭，这样的环境更有助于孩子集中注意力。

案例中的外婆可以为贝贝提供专门用于画画、看绘本的书房，当孩子专注绘画时，外婆暂时不要进去打扰他。孩子若有喝水、吃水果的需求，则可以让他在休息时间到专门的饮食区域完成这些事情。此外，我们在陪伴孩子玩游戏和学习的时候，要注意将电视、手机等调至静音模式，确保孩子在专注某一个活动时不会被其他事物打扰。同时，舒适的座椅、适当的照明和良好的空气也都可以帮助孩子更好地专注于某一件事情。

❷ 明确任务目标，以兴趣为导向

帮助孩子明确他们要专注的目标，并确保目标具体、可衡量和切实可行，这有助于他们集中注意力并保持动力。在孩子的任务安排上，我们要确保任务与他们的兴趣相关。如果孩子对某项任务或活动感兴趣，那么他们将能够保持更长时间的专注。

此外，我们要选择具有一定挑战性、难度适中的任务。过于简单的任务可能会让孩子觉得没有成就感，进而兴趣寥寥，随意应付；难度过大的任务则可能会让孩子经历太多的挫折，难以坚持。

❸ 做好示范与榜样，支持而非干预

我们要以身作则，成为孩子锻炼专注力的榜样。当孩子看到我们专注于某项任务或活动时，他们往往会模仿。例如，当孩子玩积木时，我们可以在一旁阅读图书，这期间减少起身干杂事，如喝水、上厕所、玩手机的次数。孩子会观察祖辈的专注习惯，并潜移默化地习得这些习惯。

当孩子专注某件事时，我们应采取旁观的态度，在身边安静陪伴，不要过度指导。例如，案例中外婆为了帮助贝贝画出更真实的蜜蜂而急于干预孩子的绘画创作，打断了孩子的专注行为，这样的做法并不可取。

试试这样做

1 从生活小事培养孩子的专注力

专注力的培养可以融入日常小事，例如，"学会倾听"就是一个很好的锻炼专注力的方式。这需要孩子能够排除一切干扰，全神贯注地关注说话者的眼神、表情、动作和说话内容。我们可以尝试这样操作：营造良好的家庭倾听氛围，当有人说话或表达意见时，其他人都需要认真倾听，尤其不能心不在焉，否则会给孩子带来不良的影响。同理，孩子在表达意见或说话时，成人也不能打断或者敷衍了事，要看着孩子并倾听孩子的想法，时不时点头表示认同，这能让孩子感受到被关注、被尊重，从而孩子也能在潜移默化中学会专注地倾听。

2 设置具体时间完成具体任务

我们可以通过一些简单易行的小任务、小工具来帮助孩子培养专注力。例如，我们可以给孩子制订一个时间表，建议孩子在一段时间内集中注意力，然后休息片刻。还可以使用"番茄工作法"，每25分钟集中注意力，专注做一件事情，然后休息10～15分钟。将完成任务的过程切分成短的时间段，集中精力。同时，设定短暂的休息时间，让大脑放松，从而保持新鲜感和专注力。通过多个"番茄"的工作周期，提高学习效率，让孩子体会到意想不到的成就感。

祖辈也可以和孩子一起设计"积分打卡表",从简单的任务开始,如准时起床、跳绳任务、每天阅读,对孩子完成的任务、坚持的频次给予计分肯定和鼓励。这样既可以让孩子得到巩固训练,又能借助累计积分让孩子有了坚持下去的动力。当积分达到一定额度时,就可以奖励孩子一个"愿望"。

③ 通过亲子游戏培养孩子的专注力

幼儿时期最适合通过开展亲子游戏来培养孩子的专注力,趣味游戏还能增进亲子感情。当然,参与游戏的人数不限,总体要求就是家庭成员要尽可能地加入其中,从而增加家庭凝聚力。

"切水果"游戏

该游戏需要参与者在听到水果的时候举起手做出切水果的动作,并且说一声"切",但听到其他物品时不可以做出任何动作或发出任何声响。为了增加难度,我们可以把蔬菜和水果混在一起说,如黄瓜、白菜、橘子、西兰花、土豆、番茄、苹果、香蕉、辣椒、苦瓜、葡萄、石榴、莲藕、火龙果、芒果、玉米、青枣等。

"萝卜蹲"游戏

这是孩子们很喜爱的小游戏,在锻炼身体的同时也训练了孩子们的专注力。最好有4～5个家庭成员参加,每一个人代表一种颜色的萝卜。一个人喊口令:"红萝卜蹲,红萝卜蹲,红萝卜蹲完黄萝卜蹲。"其他人按照口令做,没有按照口令做的算失败。此处还可以激发孩子的想象力,让孩子对"萝卜"进行创编,如其他动物或植物,从而增加游戏的难度。

第四节
我和孩子一起坚守规则

情景再现

执行规则时，孩子哭闹怎么办？

七岁的昊昊喜欢玩平板电脑游戏。有时爷爷忙着做饭没时间照看昊昊，就会把平板电脑给昊昊，让他自己玩会儿。对此，昊昊爸爸不是很赞同，为了这个事，爸爸和爷爷争论了好几回。最终，在查阅了科学育儿资料后，一家人协商决定：允许昊昊每天在平板电脑上玩20分钟小游戏。

有一天放学回家，昊昊高兴地打开了平板电脑，爷爷设置了闹钟，并提醒昊昊时间到了就要停止玩游戏。可是闹钟响起时，昊昊正玩得不亦乐乎，根本舍不得放下平板电脑。昊昊知道爷爷最疼他，于是向爷爷撒娇："爷爷，我可以再玩一会儿吗？"爷爷想起昊昊爸爸的再三嘱咐，于是狠心拒绝了。昊昊继续撒娇，爷爷还是拒绝了，并一把夺过平板电脑。昊昊见状大哭了起来，越哭越伤心，一点儿都没有消停的样子。爷爷心疼坏了，只好把平板电脑给昊昊，并强调："只能再玩5分钟！"昊昊这才破涕为笑。

爸爸回来时看到昊昊在玩平板电脑，于是马上查看了平板电脑的使用时间，发现已经超过20分钟了。想起爷孙俩没有遵守约定，爸爸生气极了，一把没收了平板电脑，并到厨房找爷爷理论："爸，我说了很多次了，20分钟就是20分钟，他想多玩一会儿你就给他玩，这以后我说的话他就不听了，你这样让我怎么教育孩子？而且今天多玩几分钟，明天再多玩几分钟，眼睛怎么办？"爷爷听后心里很不好受，有些烦躁地说："你不给他玩，他就一个劲儿哭，你要我怎么办？我忙着做饭，根本没时间哄他，也没时间陪他玩！我这么大年纪了在这辛辛苦苦帮你们带娃，到头来还没一句好话。你自己带好了！"爸爸听后不知道怎么说，只能转身走开了。

现象解读

规则意识

规则意识是指孩子发自内心的、以规则为自己行为准则的意识，具体表现为孩子能够理解规则并能够在行动上遵守规则。"无规矩不成方圆"，规则是人们在日常生活、学习、工作中共同遵守的行为规范和准则，从小培养孩子的规则意识，对于孩子一生的发展具有重要的意义。

"孩子不守规矩"是所有祖辈都可能遇到的教育难题。其实，大多数情况并非孩子有意为之，而是受制于他们的心理发展水平。

一是孩子的思维以具体形象思维为主，也就是说他们只能理解具体的、表面的东西，而用文字或语言表达的规则对他们来说是非常抽象的，所以他们往往难以理解。

二是孩子的神经系统发育不完善，抑制性较差，所以孩子往往容易兴奋，控制能力比较弱。因此，有时候哪怕他们理解了规则，也常常不能很好地控制自己的行为。

三是孩子记忆的准确性和持久性不如成人,因此,成人提出的规则即使孩子当时记住了,但是过了一段时间后他们可能又忘记了。

此外,孩子能否遵守规则也与规则内容的合理性有关。当遵守规则的难度超出了孩子的能力范围,孩子无法轻易做到时,孩子将倾向于逃避规则。例如,我们要求2岁的孩子自己穿脱衣服、禁止吃零食,就超出了孩子的能力范围。

最后,不同家庭成员对待规则的态度也会影响孩子能否一如既往地遵守规则。当孩子发现家人对待规则的态度不一致时,孩子仿佛无师自通般地学会了利用一方的疼爱和保护来逃避另一方的严格要求。长此以往,不仅不利于某些规则在家庭中的顺利执行,还可能导致部分家庭成员失去权威。

应对策略

1. 认识规则的重要性，将规则教育融入生活

国有国法、家有家规，任何人生活在社会中都离不开规则，因此，从小培养孩子的规则意识对其未来适应社会生活具有重要意义。

当孩子违反规则时，出于对孩子的爱护心理，我们可能会选择忽视或者袒护他们，长此以往会导致孩子缺乏边界感，不知道什么该做、什么不该做，进而难以适应和融入集体生活。因此，我们首先要意识到规则培养的重要性，然后将规则教育融入生活的点点滴滴。规则教育的内容基本遵循三点：不伤害自己、不打扰他人、不破坏环境。

2. 共同制订规则，明确违反规则的后果

首先，我们在制订规则时尽量邀请孩子参与其中，与孩子协商规则的具体内容，这样才能充分调动孩子的主动性，他们也会更愿意接受和遵守规则。

其次，制订的规则应合理。合理意味着规则是在孩子能力范围内能做到的。因此，当孩子反复违反某一个规则时，可以先冷静地思考一下，孩子是否理解这个规则是什么意思？这个规则是不是在孩子的能力范围内？此外，还要考虑孩子的性格特点，如孩子性格内向，就不必勉强他跟陌生人打招呼，应给予孩子更多的耐心和鼓励。

最后，明确孩子违反规则的后果。我们需要清楚地告诉孩子违反规则的后果是什么，而且这个后果最好与孩子的切身利益、生活息息相关。例如，玩平板电脑超时了，第二天就不能玩平板电脑。而当孩子能够遵守规则时，我们也要及时给予肯定和鼓励。

❸ 意见不一致时，主动沟通

当大家对规则意见不一致时，我们首先应尽可能坦诚地表达自己的观点和担忧。如案例中的爷爷可以向爸爸表达自己的想法和事情的经过，与爸爸商量如何应对昊昊撒娇、耍赖的行为。

其次，试着站在对方的角度思考问题，理解对方的观点和担忧。案例中，爷爷违反规则是出于对孙子的疼爱，而爸爸的生气则是因为担心过度使用电子产品对孩子的发展有负面影响。其实双方的出发点都是对孩子的"爱"。因此，家庭成员之间应该主动沟通，以孩子的健康成长为出发点，寻求大家都认可的解决方案。

试试这样做

❶ 借鉴"树立规则四步法",进行规则教育

当对孩子进行规则教育时,我们可以借鉴"树立规则四步法"。

第一步:表达爱意。对孩子立规矩并不代表我们与孩子站在对立面,需要向孩子表明我们的爱和善意。第二步:共同制订规则。规则应由我们和孩子协商决定,要充分考虑孩子的能力和想法,但同时也要把握边界和底线。第三步:适时提醒,给予孩子选择的自由。当孩子忘记遵守规则时,我们可以提醒孩子。但是我们一定要避免让自己陷入"我必须让孩子按我希望的去做"这种想法里,因为这不仅达不到提醒的目的,还会激发孩子的叛逆心理。第四步:坚定地执行规则。给予孩子自由选择权利的同时,也意味着孩子需要自己承担选择的后果。我们要让孩子明白:好的行为会有好的结果,而坏的行为就会有不好的结果。要和孩子明确违反规则的后果,当孩子违反规则时,我们一定要切实执行,言行一致。

❷ 当孩子不遵守规则时,要强调规则或转移注意力

规则一旦制订,就需要我们共同遵守。当孩子不愿意遵守规则时,我们要强调规则内容并明确违反规则的后果,坚定地拒绝孩子的不合理要求。我们可以这样说:"只能玩20分钟,我们要一起遵守规则哦!"如果孩子还是不愿意,我们可以温和地提醒孩子违反规则所需要承担的后果。

转移注意力,巧妙应对孙辈的哭闹、撒娇。例如,当孩子看完约定的一集动画片后还想再看一集时,我们可以利用孩子喜欢的东西,转移其注意力。例如,我们可以这样说:"听说天天哥哥买了一辆新的滑板车,我们一起去小公园找他,好不好?"

3 当孩子遵守规则时,要及时给予肯定和鼓励

当孙辈能坚持遵守某个规则时,我们要及时给予肯定和鼓励。我们可以用肢体动作、面部表情以及肯定的语言来表达对孩子的赞美。赞美的内容要尽可能具体,让孩子明确被肯定的行为。如果,案例中的昊昊主动遵守平板电脑的使用规则,那么爷爷就可以慈祥地摸摸他的头,告诉昊昊:"昊昊真是个自律的好孩子,20分钟的闹钟一响,你就主动关闭平板电脑了!"

我们还可以选择家里人都在场的时候,表扬孩子今天做得好的行为。例如,我们可以说:"你今天遵守约定,真是个自律的好孩子!我相信你以后也能继续遵守约定!"这样一来,就能很好地强化孩子的良好行为。

第三章 孙辈的健康生活

孩子发热了怎么办?

辅食中能添加调味品吗?

孩子玩耍时,受伤了怎么办?

玩耍一定要去户外吗?

孩子的生活包含着衣食住行等方方面面，由许多琐碎的小事组成，但这些小事背后常常隐藏着大讲究。看似"简单"的吃饭、穿衣等问题，却时常让我们祖辈陷于纠结之中。

当孩子生病时，或许我们有着许许多多"传统"的治疗经验，但是这些在过往年代曾经发挥作用的方法有时难以得到父辈的认同。父辈应对孩子生病有着一套与我们不同的治疗方法。两种不同的方法"同台竞争"，是否会让家里弥漫火药味呢？

餐桌上的故事，似乎总是有点曲折。当孩子"胃口不佳"，大人是否可以多加些调味品？是否追着喂？对此，我们和父辈也许持有不一样的观点。看似美味的零食对孩子有着无穷的吸引力，但是父辈不希望孩子吃太多零食。面对父辈的要求和孩子的"哀求"，我们是否常常感到两难？

从抬头、翻身到爬行、站立，再到行走和快速奔跑，孩子们总是活力十足，他们对这个世界的一切都充满好奇。大自然中的花草树木、石头、溪流，都对孩子们存在着吸引力，他们总喜欢去摸摸树叶、闻闻花香,或者光脚踩在草地上,用手抓起那些黑黑的泥土,在石头上爬来爬去……我们是否担心不够干净卫生?是否为孩子可能摔倒、受伤而感到焦虑?我们该如何在孩子探索世界时避免他们受伤呢?

本章将围绕"孙辈的健康生活"展开,为祖辈提供切实可行的操作方案。

第一节
我能从容应对孩子生病

情景再现

孩子发热了怎么办？

李奶奶对自己2岁的孙女甜甜喜欢得不得了，经常带甜甜出门散步，逗甜甜开心。但李奶奶总担心甜甜一个不小心就着凉生病。一旦发热，那就更了不得了，因为她经常听人说，长时间发热会把脑子烧坏，感冒咳嗽还会诱发肺炎。所以对待感冒发热，李奶奶如临大敌，平时尽可能给甜甜多穿一些衣服以防她感冒。如果甜甜生病了，李奶奶便会日夜守护，想尽各种办法让甜甜尽快恢复健康。

这天，甜甜妈妈发现甜甜的体温有点高，用体温计一测，显示37.9℃，妈妈有点着急，但是想到之前医生告诉自己：孩子发热后，首先要观察孩子的精神状态，再决定具体的处理方式，所以妈妈通过观察，发现尽管甜甜体温略有升高，但精神和食欲都还好，因此，妈妈悬着的心也稍稍放下了。

上班前，妈妈向李奶奶说明了甜甜的情况，让李奶奶在家多观察孩子的精神状态，多测几次体温，让孩子好好静养。妈妈走后，本就对生病非常敏感的李奶奶马上联想到前一天带甜甜去的商场冷气太足了。"一定是着凉导致的发热！"李奶奶十分自责，"就应该给甜甜多穿些衣服！"想到这里，李奶奶马上关了家里的空调，给甜甜加了件外套，希望通过捂汗的方式帮助甜甜退热。

一天过去了，甜甜的体温不降反升。妈妈回来后发现甜甜的脸红红的，精神也不太好，体温38.7℃，就急着给甜甜脱衣服。李奶奶看见了忙阻拦说："她都已经发热了，怎么还能脱衣服呢？可不能再让甜甜着凉了。"说着就要给甜甜把衣服穿上。妈妈不认同李奶奶的做法，说道："这么热的天，空调也不开，还穿这么多，本来就在发热了，现在体温更高了。不能穿这么多呀！"李奶奶听后坚定地说："带孩子我们有经验，你们小时候发热，捂一捂出了汗就好了。甜甜穿这么少，还要吹空调，这样会再次着凉的，那样就会烧得更厉害。我还能害自己的亲孙女吗？"两个人公说公有理，婆说婆有理，一时间谁也说服不了谁。

现象解读

不同的疾病观

案例中的李奶奶和妈妈看见甜甜生病、难受,都是又心疼又着急,希望孩子能快点好起来。但是,李奶奶和妈妈的成长环境不同,生活经历和经验也有较大的差异,因此,她们处理孩子生病的方式也不太一样。这是不同疾病观的体现,也是很多家庭容易产生冲突的原因之一。

父辈讲究科学育儿,平日里更倾向于从书籍、媒体等渠道获取针对孩子生病的处理方式。以案例中的发热为例,如果甜甜的精神状态良好,体温略高但趋于稳定,那么可以居家休息,以观察为主;如果体温持续升高,那么需要进一步采取措施,如物理降温、吃药、看医生。

祖辈看见孩子生病,一定十分心疼,此时非常容易关心则乱。每当孩子出现头疼脑热的情况时,祖辈容易焦虑、着急,所以希望用过来人的经验帮助孩子缓解病痛。

案例中的李奶奶采用捂汗的策略来退热。科学研究发现,捂汗会导致体温进一步升高,而且年幼孩子的中枢神经系统发育还不完善,体温过高还有可能诱发高热惊厥。

孩子发热的原因有很多，案例中的李奶奶认为甜甜生病是由受凉造成的，其实感染、炎症、代谢免疫等也可能会引起孩子发热。因此，孩子发热不能简单地归咎于着凉，也不能每一次都依靠"多穿衣服"来预防和治疗发热。

在孩子的成长过程中，生病是一件难以避免的事情。发热也并非百害而无一利，它有利于孩子完善免疫系统，可以清除体内部分病原体，并改善血液循环。因此，我们祖辈不用闻之色变，应该用辩证的思想看待孩子生病。

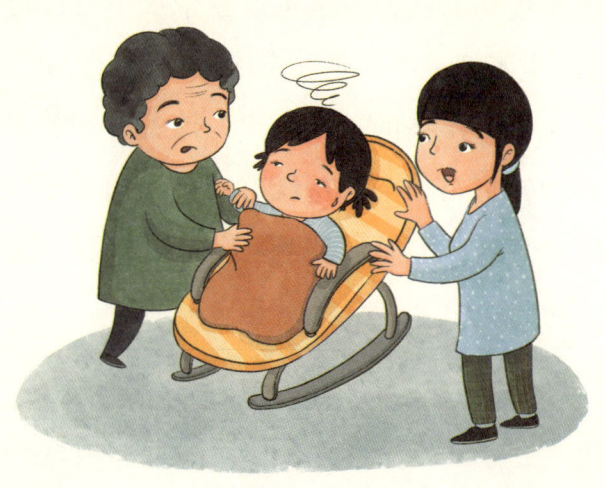

应对策略

1 正确看待疾病，科学应对

每当孩子生病时，不仅孩子十分难受，每一位家人也为之感到心疼、担忧。但是生病是一件平常事，是对人体免疫系统的考验，每一次生病，都是身体"失衡—调整—修复"的过程。预防孩子生病是好事，但是不能"太过度"。我们要调整自己对待孩子生病的焦急心态，要相信科学、合理的措施可以让孩子很快恢复健康，太着急有可能引起"病急乱投医"的情况，反而不利于孩子恢复健康。

另外，在预防孩子生病这件事上，我们可以参考一些更科学的做法。我们要多学习一些与疾病有关的知识，平时可以看一些关于幼儿疾病的书籍、纪录片，以及幼儿护理视频等，不断拓展自己对疾病的认识，也可以在带孩子打疫苗、做体检的时候，向医生了解一些常见儿童疾病的应对方式。这样我们更容易形成对儿童疾病的正确认识，储备一些关于孩子生病时居家护理的知识与技巧。这既有利于我们缓解在面对孩子生病时的焦虑情绪，也有利于我们更好地护理生病的孩子，让孩子在正确的照护中尽快恢复健康。

❷ 协助增强体质,提升免疫力

人体具有天然的保护屏障——免疫系统,它能够保护我们的身体免受病原体的侵袭,保持身体健康。生病虽然是一种对免疫系统的"锻炼",但也不可避免地会给孩子带来身体上的痛苦,带给祖辈心灵上的折磨。因此,我们可以在日常生活中,通过其他途径来增强孩子的免疫力。这些途径包括但不限于:为孩子提供营养均衡的膳食,保证孩子充足、优质的睡眠,引导孩子进行适当的体育锻炼,培养孩子良好的卫生习惯等。当孩子的免疫力增强了,那么他对疾病的抵抗力就会更强,从而减少生病的次数或缩短每一次生病的病程,降低痛苦的程度。

试试这样做

1 **理性对待疾病,掌握科学的护理方法**

在对待孩子发热这件事上,我们可以这样做:当我们发现孩子有发热的迹象,且伴有明显的精神萎靡、食欲不振的情况时,应立即送孩子就医,听取医生建议,进行科学合理的治疗。

如果孩子发热但精神、食欲均良好,并且我们已经有处理孩子发热的经验,在这种情况下也可以选择居家照料孩子。如果孩子的体温低于38.5℃,那么还不需要药物治疗。让孩子穿着舒适透气的衣服,多喝水,多排尿,保持通风,这些措施都有利于降低体温,但是不推荐通过使用冰水或者酒精进行物理擦拭来降温。如果孩子精神状态不好,或有其他明显的不适症状,即使体温未达到38.5℃,我们都应该第一时间将其送往医院。

在对待孩子穿脱衣物的问题上,我们要避免用自己的感受来代替孩子的感受,也要避免"孩子手脚冰凉就是觉得冷了"的误区。我们可以通过以下两种方式来判断孩子的冷暖:一是对于婴幼儿,我们可以触摸孩子后脖颈、后背等部位,如果有发烫和出汗的情况,就说明孩子已经觉得热了,我们要立即脱衣服或者给孩子垫上汗巾,防止孩子因出汗受凉而感冒。二是对于3～6岁的孩子，我们要相信孩子自己的感受，可以经常询问孩子："你觉得热吗？你出汗了吗？要不要脱件衣服？"如果孩子已经表达出"很热、需要减少衣服"的想法时，那么我们就需要结合孩子的感受，合理引导孩子正确穿脱衣物。

 提前做好预防，多途径增强孩子免疫力

为了更好地利用人体的保护屏障，我们可以从以下五个方面"筑牢"孩子的免疫系统，预防感染疾病。

（1）保证睡眠质量。充足、优质的睡眠是机体得以充分休息并让免疫系统不断完善的前提之一。我们可以通过提供舒适的被褥，保持卧室合适的温度、亮度和适度通风的环境，营造安静的睡眠氛围等方式来帮助孩子获得一个好的睡眠。针对孩子不易入睡的情况，我们可以通过播放舒缓的音乐，轻拍孩子的后背，或给孩子读故事等方式哄孩子入睡。我们还可以通过午睡来保证孩子充足的睡眠。

（2）加强营养。每天保证肉、蛋、奶、蔬菜、水果等营养食物的均衡摄入，让孩子多吃能提高免疫力的食物，如富含维生素的蔬菜、水果。不同年龄（月龄）的孩子，需要摄入的最佳营养物质也不相同。我们可以通过咨询医生等权威人士，获得最专业的婴幼儿饮食指导。

（3）养成良好的卫生习惯。大部分传染性疾病都可以通过培养孩子的卫生习惯来降低感染的风险。例如，我们应从小培养孩子饭前便后洗手的好习惯，从户外回家洗手的时候要记得用洗手液或香皂，不吃不干净、来源不明的食物，不用脏手揉眼睛、挖鼻子。此外，我们还要特别注意自己的卫生习惯，做好孩子的榜样。

（4）多接触自然环境。我们应鼓励孩子多接触外面的环境，多和小伙伴一起玩耍，去接触自然环境中的花草树木、土壤、小动物等。这将带给孩子多样的菌群刺激，从而让免疫系统得到锻炼和加强。

（5）增强体育锻炼。让孩子多运动也能有效提高他们的免疫力。我们要争取每天带孩子户外活动两个小时，其中一个小时安排有一定运动量的活动。对于年龄较小的宝宝，我们可以让他在干净、安全的草坪上爬一爬、走一走、跳一跳；而对于年龄稍大的孩子，我们可以根据孩子的个体情况安排诸如踢足球、拍皮球、打羽毛球、游泳、跳绳、踢毽子等体育运动，也可以让孩子和小伙伴们在公园里随性玩耍、奔跑。

第二节
我让孩子吃得健康又营养

情景再现

辅食中能添加调味品吗?

倩倩妈妈是一位中学老师,产假一结束,她就回到学校上班了。因此,照顾倩倩的重担落在了外婆的身上。

到了倩倩6个月大的时候,倩倩妈妈建议外婆开始给孩子添加辅食。外婆烧得一手好菜,做起辅食来,也是得心应手。外婆给倩倩煮了米糊、蔬菜泥等,可是倩倩尝了一两口,便不愿意吃了。外婆心想:"不吃可不行啊,会饿坏的,难道这不好吃?"外婆用勺子尝了一口,果然寡淡无味,于是外婆往米糊里加了些白糖,吃起来甜甜的。倩倩果然愿意吃米糊了,外婆看了很高兴,此后也总是给倩倩的辅食里多加些白糖。

倩倩8个月大时,外婆和邻居们在小区楼下聊天,聊到各自家里孙辈的情况时,外婆突然想到倩倩8个月大了还不太会爬,其中一个邻居问道:"你们是不是没有给孩子吃盐?孩子没什么力气,自然也就爬不动了。"外婆听了邻居的话,想起她们那个年代确实有"不吃盐没力气"的说法,觉得有点道理。于是回家后,她便开始在倩倩的辅食中添加食盐。

倩倩妈妈偶然看见外婆在辅食中添加调味品,非常生气地和外婆理论:"书上说了,孩子1岁前是不能吃这些调味品的,尤其是盐,您这不是胡来嘛!"外婆听了这话,也是满腹委屈,随即回答道:"你小时候哪有这么多规矩,我们大人吃什么菜,你就吃什么,哪里有不许吃盐的说法?你这也不让加,那也不让吃,你说她能吃什么?我每天想尽办法让她多吃点,把她养得白白胖胖的,你们还不满意!"

现象解读

婴幼儿饮食

通常情况下,在孩子4~6个月时,可以开始添加辅食。案例中的倩倩在刚接触辅食时,不愿意吃辅食。这其实是孩子的厌新现象。厌新,指的是婴幼儿在进食技能发育的过程中出现的不愿意尝试新食物的现象,是婴幼儿生长发育过程中的一种正常行为。

孩子早期拒绝新食物的行为,其实是一种适应性的保护功能,但如果他们有足够的机会(一般为8~15次),在愉快的环境下尝试新食物,那么他们就会慢慢接受。

味觉是人类最基本的感觉之一，而婴幼儿时期是人类味觉偏好形成的重要时期。一个人的口味可以通过早期经验来改变，孩子2岁时的味觉偏好和饮食模式就会基本确立，并持续整个童年。因此，我们要注重孩子2岁之前的味觉偏好培养，让孩子习惯食物的天然口感和味道，养成清淡、健康的饮食习惯，这将让孩子受益一生。

孩子的味蕾比成人的更加敏感，细微的味道差别他们都能品尝出来。而成人经过长时间的"重口味"饮食后，对味道已经不如孩子敏感了，所以容易产生一个误区——"以自己的口味评判孩子的口味"：我觉得这个菜没味道，孩子肯定也觉得没味道。如果我们过早地在婴幼儿的辅食中添加大量的调味品，那么不仅会让孩子养成"重口味"的饮食习惯，还会增加孩子将来患高血压的风险。

应对策略

1. 营养均衡,助力孩子健康成长

孩子从出生到6个月,都可以从母乳中获取均衡的营养。随着孩子的长大,我们就需要科学合理地搭配多种食材,并按比例分配到一日三餐中。

人体所需的6种营养物质为蛋白质、脂肪、碳水化合物、维生素、矿物质和水。简而言之,我们每天所需的6种营养物质从谷类、蔬菜、水果、奶制品、肉类及水中便可获得。此外,在传统饮食观念中,白粥总是作为孩子的主要辅食出现,实际上,白粥的营养价值低,长期喝白粥会引起孩子营养不良,不利于孩子的生长发育。

2. 巧动脑筋,口味多样不重口

孩子在尝试新食物的过程中出现"厌新"现象,是十分正常的,一次、两次不吃并不代表孩子讨厌这种食物。我们可以进行多样化尝试,在烹饪食物时,通过改变烹饪方式,改变食物的质地、形状或颜色等,让孩子多产生一些对食物的新鲜感,激发孩子尝试的欲望,从而逐渐接受不同的新食物。

同时我们也要注意保护好孩子的味蕾,少放调味品,尽量避免重口味食物。调味品的摄入量我们可以参考科学的建议或指南。

不同人群食盐、烹调油、添加糖的推荐摄入量

单位：克/天

项目	幼儿		儿童			成人	
	2岁~	4岁~	7岁~	11岁~	14岁~	18岁~	65岁~
食盐	<2	<3	<4	<5	<5	<5	<5
烹调油	15~20	20~25	20~25	25~30		25~30	
添加糖	—		<50,<25最佳；不喝或少喝含糖饮料				

3. 健康饮食，食材、习惯要把关

健康饮食，不仅需要科学选择食物种类，以达到营养均衡，还要考量食物的烹饪方法。在选择食材时，尽量选择天然的、添加剂少的食材。

我们在烹饪食物时，也要注意尽量少放油、糖、盐等。此外，我们还应该注意培养孩子良好的饮食习惯，如不要边吃饭边玩耍、按时进餐、注意用餐卫生、细嚼慢咽、吃饭时不说话等，为孩子的健康成长奠定良好的基础，同时促进其独立自主能力的发展。

试试这样做

1. 均衡膳食第一位

爱孙心切的祖辈们在安排一日三餐时，容易形成"动物蛋白多、海鲜多、高脂肪、少蔬菜、少主食"的饮食结构。但根据科学的饮食金字塔，在日常饮食中，谷类粮食如米饭分量应最多，要注意粗粮、细粮的搭配；分量排第二的便是蔬菜、水果，要选择各种深颜色尤其是深绿色的蔬菜，注意蔬菜和水果不可相互替代；之后便是鱼虾、蛋和畜禽肉类，鱼类是优质蛋白，且脂肪含量较低，但也不可以完全替代畜禽肉类；再后便是奶、奶制品、豆及豆制品；最后是油脂类，孩子的饮食应少油少盐。

❷ 形式多样有创新

我们在吸引孩子尝试不同的新食物时，可以用以下三种方法。

一是将食物做得更美观一些，独特的造型或鲜艳的颜色以及好看的摆盘都会从视觉上对孩子产生吸引力。例如，有的孩子不愿意吃鸡蛋，我们可以通过简单的刀法将鸡蛋做成小兔子的形状，吸引孩子尝试吃一吃"小兔子鸡蛋"。

二是在尝试新食物的初期，可以尽量选择孩子容易接受的食物。例如，选择口感、颜色和孩子原来喜欢的、熟悉的食物相近的新食物。尽量避免一开始就尝试气味特殊、味道浓烈的食物，如芹菜、香菜、苦瓜。

三是可以在孩子比较饿的情况下，给他们尝试新食物，这样会比较容易接受，而且孩子容易将饱腹感带来的愉悦体验和新食物联系起来，加深对新食物的好感。

我们自己还可以在尝试新食物时做出夸张的动作和表情，以带动孩子的情绪，让孩子也想吃。例如，吃青菜的时候，我们可以一边用手做动作，一边说："我是一只好饿好饿的毛毛虫，哇，这里有青菜！啊呜一口就吃掉。吃饱饱，长高高，变成美丽的小蝴蝶！"当孩子尝试新食物时，我们要及时表扬，鼓励他们继续吃这种食物。

3 食材、习惯双重优质

除了一日三餐的饮食要选择天然食材和健康的加工方式，平时我们也可以选择相对健康的零食给孩子解解馋。在购买零食时，我们要关注配料表，选择原材料简单、无添加剂或添加剂少的食品。如果条件允许，我们也可以自己为孩子制作零食，如奶香红薯条、宝宝版桃酥、鲜奶小布丁。有兴趣的祖辈还可以通过购买相关书籍或浏览美食类软件获得配方和制作方法。同时，我们还需要注意孩子吃零食的时间，不可离正餐时间太近，否则影响正餐的摄入；也不可临睡前吃零食，避免增加消化系统的负担，影响睡眠；尽量不要边看电视边吃，这样容易在不知不觉中吃太多。

饮食习惯对孩子的健康也非常重要。为了形成良好的饮食习惯，一是我们要固定孩子吃饭的时间和地点，可以给孩子安排宝宝椅或者固定的小餐桌，让孩子形成"到点吃饭、坐着吃饭"的习惯。二是在孩子进餐时，要保持孩子积极的情绪状态，不建议逼着孩子吃饭，否则，孩子会将吃饭与不好的情绪体验联系在一起。三是培养孩子吃饭不说话的好习惯，以避免食物呛入气管引发危险，我们也一样要保持安静，细嚼慢咽，做孩子的好榜样。四是当孩子出现挑食、拒食的情况时，需要弄清楚孩子不吃、提前下桌的原因。如果是因为贪玩，那么就可以抓住机会让孩子知道"饥饿"的滋味；如果是因为吃饱了，那么就不要硬喂，以免给孩子的肠胃带来负担。

第三节
我能理性看待孩子的磕磕碰碰

情 景 再 现

孩子玩耍时，受伤了怎么办？

两岁的鹏鹏是家里第一个孩子，爷爷奶奶、外公外婆都对他视若珍宝。鹏鹏出生以后，家里的床上都加装了护栏，以免他不小心翻滚下床。当鹏鹏开始学走路时，家里的边边角角都贴上了柔软的防撞贴，以免爱动的鹏鹏不小心磕了、碰了。

随着年龄的增长，鹏鹏的运动能力发展迅速，精力充沛的小家伙不仅喜欢在家里跑来跑去，还特别喜欢去户外玩耍。在公园里，他一会儿满地跑，一会儿玩滑梯，看见什么都想摸一摸、碰一碰。当鹏鹏和别的孩子一起玩耍时，爷爷总是紧张地盯着他的一举一动。因此，每当爷爷看到鹏鹏可能要做出一些"危险"的行为时，总是忍不住大喊："鹏鹏,别爬那么高,危险!""鹏鹏,别去钻那个石头洞,小心撞破头!"

这天,鹏鹏和爷爷又来到了小区的花园里玩耍,鹏鹏遇到了自己的小伙伴,十分开心。在奔向小伙伴的过程中,他一个不小心,被路面上突起的石砖绊倒了,膝盖有些破皮擦伤,右手轻度骨折,疼得哇哇大哭。

爷爷心疼得不得了,内心暗暗自责。鹏鹏的伤很快就痊愈了,他迫不及待想出门找小伙伴玩耍。爷爷却心有余悸,走路时总是牵着鹏鹏的小手,每当鹏鹏想和别的孩子一起奔跑、打闹玩耍时,爷爷便会直接阻止,害怕他再次骨折。鹏鹏的行动"受限"后,小伙伴们渐渐疏远了他,鹏鹏的笑容也变少了,整天懒洋洋的不爱动,吃饭也不积极了,还总是无缘无故对着爷爷和父母发脾气,到了晚上睡觉的时间,他还是很兴奋,不肯睡觉。

现象解读

好动与身体控制能力

活泼、对周围世界充满好奇，几乎是所有孩子的天性。随着孩子大肌肉运动能力的逐渐发展，自主活动范围逐渐增大，他们对所有新事物都十分感兴趣，都想去尝试。同时，因为孩子的体力恢复得快，身体新陈代谢能力强，很少会在活动后出现肌肉酸疼或身体劳累的情况，所以孩子常常呈现活泼、爱动、富有好奇心的状态。

案例中的鹏鹏，不管是在家还是在户外，都喜欢"动"，精力十足的样子正是这个年龄段的天性使然。对于活动水平较高的孩子，如果不让他消耗精力，那么可能会引起其他问题，如发脾气、胃口差、难哄睡、免疫力低下。案例中的鹏鹏意外骨折后，爷爷心疼不已。因此，爷爷阻止了鹏鹏的"一切"活动，而鹏鹏渐渐地就表现出了情绪低落、易激怒的状态，仿佛"一点就炸"。

幼儿的动作发展是一个渐进的过程，最先开始发展的是粗大动作，如抬头、翻身、坐、爬、走、跑、跳

等。精细动作的发展会稍晚一些,如用手指拿东西、画画、翻书、串珠子等。

在粗大动作的发展过程中,幼儿需要通过各种运动和活动来不断发展自己的平衡、协调、灵敏、力量和耐力等各方面的能力。在这个过程中,摔跤、磕碰是不可避免的,如果像案例中的爷爷那样,因为担心孩子摔跤而阻碍他们与外界的互动,反而让孩子丧失了锻炼和提升运动能力的机会,未来孩子可能会更容易受伤。

一般来说,运动量越少的孩子,其对身体的控制能力越弱,所以"精心呵护、限制行动"并不能让孩子真正地远离危险,提高孩子的自我保护能力才是不受伤的终极方式。

应对策略

① 创设安全环境，敢于放手

孩子的天性使其对世界充满好奇，他们自发地用身体去感受这个世界。我们要做的，就是尽可能确保孩子周围环境的安全。如果是在家中，可以为孩子划分一块活动区，清除不必要的家具和障碍物。如果在户外活动，可以先观察场地的安全性，如是否有尖锐物品。在做好这些防范措施后，我们就可以放手让孩子尽情地玩耍了。

② 提升自我保护，关键所在

随着孩子年龄的逐渐增大，孩子的活动范围也逐渐扩大，我们不可能每时每刻都在孩子身边保驾护航。我们要做的，是教会孩子自己辨别危险、远离危险，并在意外状况发生时正确应对，从而降低对孩子身体的伤害。我们可以通过和孩子一起阅读相关绘本、观看安全宣传视频等，引导孩子学习自我保护的技巧，例如，跳跃落地时要屈膝下蹲，保护好下肢；快速奔跑时要注意地面的平整程度，远离突起和凹陷处。

③ 意外来临时，冷静处理

孩子的成长之路充满着惊喜与挑战，在运动、玩耍过程中，偶尔的意外受伤总是难免的。当孩子受伤后，我们应注意以下两点：一是保持沉着冷静，询问并查看孩子的受伤情况。要知道，成人的语气和情绪很容易传递给孩子，因此，我们不能表现出惊慌，不要二次惊吓到孩子。二是作出理智的判断。我们需要借助以往的经验和常识，判断孩子的受伤程度。若程度较轻，则可以进行简单的处理，并密切观察孩子后续的情况。若程度较重，如孩子哭闹不止、疼痛难忍、出现明显的严重外伤，撞到头部或陷入昏迷，我们就需要尽快带孩子就医。

试试这样做

1 **提前辨别危险因素，防患于未然**

当孩子开始出现翻身、爬等动作需求时，我们可以在床上加装护栏，以免孩子在床上翻动时滚落下床。当孩子开始学习走路时，我们应该把孩子可能接触到的家具的尖锐之处加装柔软的防撞贴，如孩子可能触碰的桌角、床角。在户外活动时，不要让孩子在危险环境中玩耍，我们要检查确认周围环境中是否有碎石、碎玻璃渣、钉子或其他锋利的物品。给孩子穿合适的服饰和鞋子，不要有金属装饰物或尽量避免衣帽上有系带，以免孩子因为发生拉扯而受伤。当孩子远离我们玩耍时，我们应确保孩子始终在视线范围内，以便应对各种突发事件等。

2 **通过游戏增强孩子的自我保护意识和能力**

在孩子的成长过程中，总会有一些小意外是我们无法预测和避免的，所以教会孩子正确的自我保护方式或者一些处理措施是非常必要的。对于年龄较大（6岁以上）的孩子，我们可以在日常生活中直接告诉他们相关的安全常识。对于年龄较小（6岁以内）的孩子，由于身心发展水平的限制，孩子的理解能力和记忆力均较弱，仅仅是口头告诫很难达到理想的效果。因此，我们可以通过一些安全类小游戏，让孩子在直接感知、亲身体验、实际操作的过程中,学会自我保护的技能。

"开火车"游戏

适合人群:2~3岁爱跑的孩子。

玩法:让大人和孩子排成一队,互相拉着前面一个人的衣角组成一列小火车。然后播放音乐,"火车头"带队在家中四处游走,时而快,时而慢,时而直行,时而转弯。孩子只要能始终拉着前面那位大人的衣角不松手,就算成功。这类游戏可以培养孩子外出时紧跟大人的意识。

"红灯停,绿灯行"游戏

适合人群:1~4岁正在学习社会规则的孩子。

玩法:在家里准备好红绿灯道具,可以把卡纸剪成圆形并涂上对应的颜色。家长与孩子共同布置场地,在卡纸上画出斑马线、机动车道、人行道后将卡纸放置在地上。

第一轮游戏时,爷爷可以先当交警,一手拿红灯,一手拿绿灯。奶奶扮演行人,孩子开玩具车当司机。游戏开始后,每一个角色都要遵守实际的交通规则。成功完成游戏的成员可以在结束后获得奖励,反之将受到小惩罚。下一轮游戏可以互换角色。

如果孩子对此类游戏感兴趣，我们还可以上网搜索或者在一些母婴儿童类软件上获得其他相关游戏的玩法。

③ 学会科学应对意外伤害

如果孩子在生活中真的发生了小意外，我们应该根据孩子受伤的具体情况，采取不同的措施。以下是生活中几种常见受伤情况的急救建议：

（1）当孩子吃东西被噎住时，如果孩子不能将东西咳出来或咽下去，那么我们应立刻采用"海姆立克急救法"，操作时要根据孩子年龄的不同选择不同的姿势和力度。

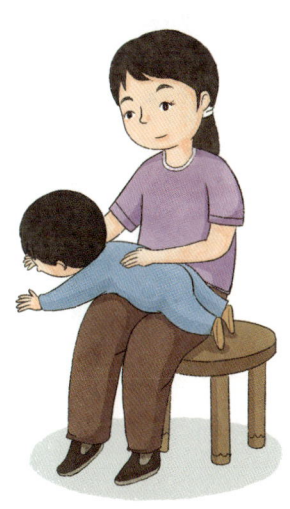 

（2）如果孩子发生撞伤，我们可以冰敷撞伤部位20分钟以上。如果撞伤的部位是头部，那么此时不可晃动、移动孩子，观察孩子能否自己起来，也不能用手去揉撞伤的部位。注意观察孩子的精神状况、运动能力，是否出现呕吐、走路晃动、嗜睡、喊疼等情况。如果有以上情况，那么无论撞伤部位是哪里，都要立即送医。

（3）遇到烫伤时，我们要立即用流动的冷水冲烫伤部位15分钟以上。如果是吃到太烫的食物，应立即给孩子吃冰的食物如冰牛奶、冰酸奶。如果烫伤严重，要立即送医，不要使用酱油、牙膏、食用油等物品对孩子的伤口进行处理。

这些家庭常见的急救措施，我们和家中每一个成员都要熟悉并能够熟练操作。我们也可以购买专业的急救类书籍进行系统学习。

第四节
我带孩子亲近大自然

情景再现

玩耍一定要去户外吗?

朵朵妈妈刚给朵朵生了个妹妹。朵朵奶奶最近就更忙了,她不仅要照顾朵朵,还要照顾刚出生的小妹妹。因为家里的很多事情都落在朵朵奶奶身上,她每天的时间几乎都安排得满满的,不知不觉就一天过去了。奶奶每天都觉得非常疲惫。

朵朵的爸爸妈妈有时候会跟奶奶说,要多带朵朵出去玩。但是奶奶也有自己的难处:首先是家里的事情多,脱不开手。其次,像动物园、植物园这些孩子喜欢去的地方,都比较远,自己又不会开车,去哪里都不方便。再者,奶奶觉得朵朵现在大了,在外面喜欢自己跑跑跳跳,如果要一直陪着朵朵跑,自己的体力又跟不上。更何况,四岁的朵朵正是调皮的时候，到外面总喜欢这个摸摸那个碰碰，土啊沙啊甚至小虫子都喜欢玩两下，特别不卫生，万一再闹个生病拉肚子……奶奶思来想去："为了朵朵好，还是待在家里玩玩吧！"

但是慢慢地，奶奶发现了朵朵的一些变化，例如偶尔出门遇上邻居，大家都说朵朵胖了不少，本来就肉嘟嘟的小脸现在更圆润了。在家里朵朵也不怎么喜欢动，经常坐在一边发呆，有时候叫她，也没什么反应。偶尔带朵朵出去玩，她也不情不愿的，反而更喜欢在家，而且尽管朵朵没怎么看电视，但是体检结果显示她的视力下降了。这可让奶奶急了起来，到底是怎么回事呢？

现象解读

大自然缺失症

很多祖辈担负着照顾一个大家庭的重任,每天忙碌又辛劳,就如案例中的朵朵奶奶一样,等忙完所有家务事,天都快黑了,能带孩子出去玩的时间就少了,而且即使带出去了也会受到诸多限制。随着城市化建设速度的加快,越来越多的孩子缺少接触大自然的机会。案例中的朵朵,不仅不愿意出门,还出现了经常发呆、反应迟钝之类的情况,这其实是孩子出现了"大自然缺失症"的表现。

"大自然缺失症"最早是由美国作家理查德·勒夫在2005年提出来的。"大自然缺失症"并非是医学诊断,而是现在的孩子缺少与大自然亲近的机会,沉迷于电子产品的一种现象。研究指出,儿童肥胖、注意力紊乱、孤独、抑郁、愤怒、感统失调等都很可能与此有关。孩子出现大自然缺失症的原因主要是孩子的户外玩耍时间不充分、玩耍场地少,以及电子产品的日益盛行。

那么,充分亲近大自然对孩子们有什么好处呢?首先,孩子会更加健康、强壮。研究表明,自然环境中

的微生物，以及植物所散发出来的芳香气味，都能够增强人体免疫力。其次，经常观察大自然、在自然中游戏的孩子，会更加专注和自律，并且更有想象力与创造力。再者，多参加户外活动的孩子，其运动能力、身体协调能力及空间感也会更强，这也为孩子之后的空间思维、三维构图等能力的发展打下良好的基础。尤其是6岁以内的孩子，经常沉浸在丰富的自然环境中，更能刺激他们的大脑发育。因此，让我们和孩子一起走进大自然吧！

应对策略

1 走出家门,增加户外时间

缓解孩子大自然缺失症最有效的办法,就是让孩子们有更多的机会接触大自然。这里的大自然包括花草树木、昆虫、泥土、阳光、微风等自然界中的一切事物。所以并非像朵朵奶奶说的一定要去植物园才是亲近大自然,其实小区、家附近的小公园、周边的菜场都是极好的场地,只要走出去,就是成功的第一步。在条件允许的情况下,每天让孩子有1~2个小时的户外游戏时间,尤其是6岁以内的孩子,每天更需要有充足的户外活动时间,才可以有效预防近视,更好地保障孩子身心的健康发展。

2 组团玩耍,减缓陪伴压力

每天保障孩子的户外玩耍时间的确是一件比较辛苦的事情,我们在体力、心理等各方面可能都会存在一定的压力。但其实,小区内的自然环境和各种设施就是最简单易得的户外场地,里面有花草树木和小动物可供孩子们游戏、探索。而且在那里我们有很多可以并肩的"战友",如其他孩子的祖辈、父母,而孩子也收获了玩伴,这能更好地激发他们在大自然中持续游戏的热情和观察探索的欲望。因此,我们可以发挥自身的社交能力,与小区邻居一起,组成户外游戏团,共同商定相对固定的户外玩耍时间,让孩子们一起出来玩。这样,不仅孩子们有了小伙伴,大人们也可以轮流陪伴,减轻了独自陪伴的压力。

③ 陪伴游戏,共同走进自然

当孩子在户外活动时,我们可以和孩子一起玩游戏,可以主动向孩子发起邀请,运用视觉、听觉、嗅觉、味觉、触觉共同感受大自然。这样既能保护孩子的安全,也能让孩子和大自然亲密接触。

我们拥有丰富的人生阅历,可以回忆自己从前在田野、在山林中的趣事,带孩子一起摸摸大树,观察花朵,主动和孩子分享自己的发现,如抓到一只金龟子、看到一棵桂花树,陪着孩子一起近距离地观察自然,解答孩子的问题。这样,不仅孩子能更好地发现自然中的乐趣,我们也能第一时间发现安全问题,如树上有马蜂窝,那就快速地带着孩子转移阵地。在我们的陪伴下,孩子们安全地亲近自然,放飞好奇心,自在地探索自然中的一切。

④ 大胆预设,细心守护安全

当孩子稍大一点,更喜欢独自探索的时候,我们在带孩子外出时可以和他们一起先进行充分的安全问题预设,即思考可能出现的各种情况和应对策略,这样既能让孩子玩得舒心，我们在边上也能放心。首先，要选择自己熟悉的地方进行活动，清楚地知道周边都有什么，让孩子的活动在自己的"掌控"中。其次，思考孩子在大自然中游戏可能会遇到什么问题，如奔跑、挖土、摸树、抓虫子时可能会摔跤、手脏、被虫子咬。再告诉孩子解决的办法，如提前告诉孩子哪里不可以去，玩的时候提醒孩子不乱吃手里的东西，抓虫子的时候带上工具而不要徒手触碰不认识的虫子，回家后先用七步洗手法洗手并更换家居服……当我们心中提前想好了应对策略，就可以放心大胆地让孩子去玩了。

试试这样做

1 抓住每一次外出的机会

我们祖辈为了大家庭忙前忙后，经常会感到分身乏术，因此，我们可以巧动脑筋，将日常家务工作和孩子的户外活动整合起来。例如，我们可以带着孩子一起去买菜。找一个距离合适的菜市场，和孩子一起手牵手步行过去，一路上看看蓝天，感受风吹，感受脚下不同材质的路面，在菜市场里找一找要买的菜，辨认不同种类的蔬菜等；或者将扔垃圾的时间安排在晚饭后，在扔垃圾的同时带着孩子在小区楼下散步、消食，将亲近自然和日常生活融合在一起，轻松地带着孩子感受自然。

2 多点准备让游戏更精彩

我们在带孩子开展户外活动时，可以准备一些塑料瓶、小篮子、放大镜、铅笔、白纸之类的小工具。小瓶子可以用来装抓到的小昆虫；小篮子可以收集孩子发现的"宝贝"，如石子、松果、落叶；放大镜可以帮助孩子细致观察蚂蚁搬家的场景；铅笔和纸可以拓印下每一片树叶的脉络……当孩子在大自然中玩耍的时候，这些小工具可以帮助他们玩得更有趣、更深入。

我们还可以和孩子一起把他们在自然界中的发现带回家，

例如，春天的小虫子、秋天的松果、池塘里的小鱼等，也可以一起在家里照养一些容易养护的动植物，帮助孩子在室内延续户外的游戏。不管是种菜、养小鱼或者是观察装在瓶子里的小昆虫，孩子都可以在这个过程中持续地和大自然中的元素互动，从中也会了解动植物的一些特点、发现自然的奇妙变化，从而更加喜爱大自然，更深入地和大自然进行游戏。

3 出门前"约法三章"

孩子们在自然中探索的时候，我们最担心的，可能就是安全问题和卫生问题。所以当孩子稍微大一点的时候（2岁左右），我们就可以和孩子"约法三章"，提前把游玩的注意事项和孩子约定好，激励孩子"自己管理自己"。假如是去楼下玩，就可以跟孩子提前说好，哪些地方是可以玩的，哪些地方不能去，如小区滑梯、小草坪可以，地下车库出入口不行。和孩子约定好哪些事情可以做、哪些事情不能做，如跑跑跳跳可以、抓小虫子可以，但是看到不认识的虫子时要问一问大人……诸如此类，我们可以在日复一日的户外活动中，慢慢帮助孩子建立安全意识，学会自我保护。当然，在明确约定的同时，我们也要做好约定的守护者，当孩子出现违反约定的情况时，就要及时制止，不能随意妥协。

第四章 孙辈的行为习惯

孩子叛逆怎么办？

孩子间出现冲突怎么办？

孩子总发脾气怎么办？

孩子不愿分享怎么办？

　　孩子养成良好的行为习惯对其个人的成长有着重要意义，因此，培养孙辈良好的行为习惯是我们祖辈最关心的话题之一。良好的卫生习惯有利于孩子的健康成长，良好的社交行为有利于孩子建立多元的人际关系，良好的学习习惯有利于孩子学业和事业的长远发展。我们是否在养育孙辈的过程中有过这方面的困扰呢？

　　人都是生活在群体之中的，孩子也有他们的小伙伴。当同伴想要借取玩具，而孩子不愿分享的时候，我们到底该帮着孩子同伴索要玩具，还是帮着孩子坚定地拒绝呢？孩子有时不愿分享，这是自私和小气吗？我们该如何正确引导孩子大方得体爱分享呢？

　　情绪、情感是我们很关注的话题，谁不希望自家孩子一直都是个开心果呢？可有时候孩子格外难带，动不动就哭，大喊大闹，甚至动手拍打别人或在地上打滚不起。爱发脾气就一定是性格差吗？我们该如何正确看待孩子的"小脾气"？如何引导孩子接纳、调整和发泄情绪？

第四章:孙辈的行为习惯

多子多福一直是我们祖辈所期许的,可是伴随着家庭中新生命到来的喜悦,大宝似乎开始不对劲了。他们变得不像以往那样听话,会故意捣蛋搞破坏,有时甚至出现了行为退化的表现,例如,突然不会自己穿衣服了,又开始尿床了,吃饭要大人喂了……这些奇怪行为的背后究竟隐含着怎样的原因?我们又该如何机智化解呢?

当孩子进入青春期时,叛逆是永恒的难题。这些"小大人"一改幼时的乖巧听话,突然变得特立独行,爱顶嘴,易暴躁,小脑瓜里成天不知道在想些什么,时常闹得我们莫名其妙,措手不及。叛逆期只有在青春期才会出现吗?还会有其他时期的叛逆期吗?我们该如何度过这恼人的叛逆阶段呢?

第一节
我会引导孩子分享

情景再现

孩子不愿分享怎么办?

两岁的凯凯从托班放学后,跟着外婆来到家附近的小公园玩耍。凯凯从书包里拿出最心爱的小飞机玩具,坐在草坪上玩了起来。过了一会儿,隔壁邻居家的小虎也来了。小虎和凯凯年龄相仿,两人从小就爱一起玩。小虎一眼看到了小飞机,开心地冲上去用手摸了摸。凯凯一把推开小虎的手,说着:"我的,我的!"被推开的小虎依然紧紧盯着小飞机,再一次伸手去拿。凯凯有些着急了,他马上站起来,猛地将小虎推倒在草坪上,然后抓起小飞机飞快地跑开了。

外婆看到后感到很不好意思,马上把凯凯追回来,带到小虎面前,跟凯凯说:"快把你的玩具分享给小虎!他是小弟弟,也是你的好朋友!你要懂得分享!"凯凯紧紧护着怀里的小飞机,往后退了一步,嘴里说着:"不,我的,我的!""只是借给弟弟玩一会儿,马上就还给你了。"外婆一边说着一边把凯凯的玩具抢过来递给小虎。凯凯"哇"的一声大哭起来,外婆很尴尬,一边拉着凯凯,一边说:"你不能这样,好东西要分享,不然小虎再也不想跟你玩了!"凯凯拍打着外婆的手臂,大声喊着:"我的!还给我!"直到小虎奶奶把小飞机还给凯凯,凯凯才渐渐平静下来。

现象解读

自我意识敏感期

我们在养育孩子的过程中，经常会遇到与上述案例类似的情况。有时候我们会忍不住将孩子的这类行为和"自私"联系在一起，认为孩子嘴上常说"我的"，稍有不满就"打人、推人"，以及和长辈"对着干"的行为都是自私的表现。实际上，幼儿出现以上行为，通常都是成长过程中的自我意识敏感期在"作祟"。这是孩子发展过程中的正常表现，与不听话、自私无关。

自我意识敏感期通常在孩子1.5～3岁开始出现，可能存在以下三个明显的特征：

（1）将"我的"挂在嘴边。这个时期的孩子会逐渐开始区分"我的"和"你的"，并且喜欢将"我的"作为口头禅挂在嘴上，时时刻刻保护好"我的东西"，仿佛在宣示物品的主权（物权意识）。

（2）稍有不满就"打人"。这个年龄段的孩子，由于语言能力发展尚未完善，他们很难用完整的语言表达自己的想法，因此，当孩子急于维护自己的利益或表达不满时，常常用动作来代替语言，这就出现了他们动不动就"打人"的行为。例如，案例中的凯凯用"拍打外婆的手臂"来表达内心的委屈。

（3）故意和成人"对着干"。2~3岁的幼儿正面临人生的第一个叛逆期，这一阶段的幼儿格外喜欢和成人"对着干"，尤其喜欢说"不"。例如，我们让孩子去吃饭、洗澡、睡觉，孩子往往会不假思索地回答"不""不要""不去"。有时孩子回答"不要"可能仅仅是为了和成人"对着干"，才故意回答"不要"，并非真的不想做。

应对策略

① 尊重意愿，给予安全感

当孩子口中反复出现"我的""你的"等词汇时，说明孩子进入了自我意识和物权意识高度敏感的时期。此时，我们应充分尊重孩子的意愿，允许孩子拥有和保护"自己的物品"，由他们自己决定是否分享。

当孩子建立起对个人物品高度的物权意识，就会产生安全感和掌控感，从而更愿意主动分享，因为此时孩子的内心已经明确感受到自己是物品的主人，"是否借给他人"以及"何时收回"取决于自己。若孩子拒绝分享，我们也应该尊重孩子的意愿，而不是强迫他分享或盲目地给他贴上"自私""小气"等标签。

② 创造条件，增强分享意愿

当孩子出现不愿意分享的行为时，我们可以尝试和孩子沟通，了解孩子不分享的原因，并针对具体原因解决问题，从而增加孩子愿意分享的可能性。例如，有时候孩子手里只有一个玩具或一块饼干，连自己都无法满足，又让他如何能"大方无私"地先满足他人呢？此时，我们可以多买几份一样的玩具或食物，当孩子拥有得足够多时，再引导他将多余的物品分享给同伴。

有一些玩具对孩子有着独特的意义，是无法与同伴分享或赠与他人的。针对这类情况，我们可以提前和孩子协商，在客人进门前我们先将不便分享的玩具收起来保存好，再拿出可以分享的玩具摆放在公共区域。这样既满足了孩子对玩具所有权的安全感，又为孩子的分享行为提供了充足的条件，从而增强孩子的分享意愿。

❸ 注重榜样力量，言传身教

我们和父母都是孩子最好的老师，家庭成员的行为会潜移默化地影响孩子的认知和行为，所以我们可以有意识地在日常生活中创设积极分享、互相关爱的家庭氛围，让孩子感受到分享的快乐。

在家庭这个安全、温馨的环境中，孩子更容易接受分享与被分享的行为。当孩子愿意分享时，我们可以及时给予鼓励和表扬，强化孩子的分享行为。当孩子逐渐在家庭中养成分享的习惯后，那么在其他社交场合，孩子也会更愿意表现出分享的意愿。

试试这样做

① 尊重孩子的物权意识，不强制分享

在孩子物权意识高度敏感的时期，我们要做的就是尊重孩子这种"保护自己物品"，以及严格区分"我的东西"和"你的东西"的行为。在这个阶段，我们可以用商量的语气建议孩子将心爱之物分享给同伴，但一定不能强求，更不要因此埋怨孩子，给孩子很大的压力。

例如，当案例中的小虎想要抢夺凯凯的玩具时，外婆可以先护住玩具，对小虎说："小虎，请你等一等，我们先问问凯凯哥哥愿不愿意把小飞机借给你玩，好吗？"然后外婆可以询问凯凯："凯凯，小虎想要借你的小飞机玩一会儿，你可以借给他吗？等一下外婆一定监督他还回来。"如果凯凯依旧拒绝借玩具，那么外婆应该坚定地尊重凯凯的选择，而不是强行要求凯凯分享。这样凯凯会更有安全感，当安全感足够强的时候，凯凯就会更愿意分享。

此外，我们也应该抓住这个物权意识的敏感期，培养孩子良好的道德品质。这个阶段孩子对"个人物品"和"他人物品"十分敏感，我们正好可以把握这个时期对孩子进行道德教育，让孩子形成一定的边界感，认识到"别人的东西要经过允许才可以碰"。

② 创设分享条件，激发分享行为

激发孩子的分享行为是一个循序渐进的过程，需要我们巧动脑筋，创设一些有利于分享行为产生的条件。

首先，我们可以考虑和孩子玩分享类游戏来培养孩子的分享意识。

> **"传球"游戏**
>
> 先让孩子选择一个他最喜欢的小球，然后一家人围成圈坐在地上。孩子把小球滚向某一位家长，家长把小球拿在手里几秒钟，而后重新传递给孩子。这个游戏可以让孩子明白"我最心爱的小球可能会短暂离开我，但过一会儿它还会回到我的手里"，从而让孩子适应把心爱之物短暂交到别人手中的感受。

其次，我们可以制造一些分享类的活动场景。例如，孩子生日当天，可以邀请几位小伙伴来家里做客。我们可以提前带孩子去商场，建议孩子根据每一位小伙伴的喜好选择礼物，并在生日当天作为回礼送给小伙伴。

再者，当孩子外出玩耍的时候，我们可以替孩子提前准备一些小零食。遇到小伙伴时，我们可以提醒孩子："外婆口袋里有很多你最喜欢的小饼干，你愿意分一点给小伙伴吗？"当孩子意识到哪怕分享给小伙伴，自己依然拥有许多零食时，孩子就会更愿意分享。

③ 展现分享行为，成为孩子的榜样

年幼的孩子尤其擅长模仿大人的行为，因此，我们可以在孩子面前多多表现出"分享"的行为，成为孩子模仿的榜样。例如，奶奶主动把自己盘子里的一颗草莓分享给爷爷，并对爷爷说："孩子爷爷，我知道你最喜欢吃草莓了，你一起尝尝。"爷爷获得草莓后，要及时表达感谢："谢谢你把草莓分享给我，我真的很开心。"当孩子长期浸润在温馨的分享氛围中，就会潜移默化地意识到分享行为非常普遍，并且分享让人快乐，从而就会慢慢习得分享的行为和感谢他人的礼貌用语。

值得注意的是，当孩子出现分享行为或分享意愿时，我们要及时抓住这个时机，对孩子进行语言或动作上的表扬和强化，如"谢谢你把小熊借给我，我真是太喜欢了，你可真是个懂得分享的孩子"。

第二节
我能帮助孩子管理情绪

情景再现

孩子总发脾气怎么办？

心心今年三岁了,是个非常可爱的小女孩。爸爸妈妈平时上班忙,大部分时候都是奶奶在照顾心心的日常生活。奶奶觉得心心哪里都好,爱吃饭,爱睡觉,十分可爱。唯一让奶奶头疼的,就是心心脾气不太好,一有事情就喜欢哭喊,有时候还会动手打人。每次邻居说心心可爱,奶奶就会叹了口气说:"我们这个,脾气大着呢,都不知道怎么带。"

心心家楼下有一个小公园,每天上午10点左右,奶奶都会雷打不动地带心心去公园玩她最喜欢的滑梯。这一天,心心正在滑梯上玩得不亦乐乎。过了没一会儿,奶奶突然想起家里要来客人,冰箱里的菜不够,得赶紧去菜市场买菜,于是立马叫心心赶紧从滑梯上下来,一起去买菜。可是心心不愿意，坚持要待在滑梯上不肯下来，还哭了起来。奶奶有些着急地对心心说："赶紧的，我们先去买菜，下午奶奶再带你来玩！"心心听了依然摇着头，继续哭。奶奶一看，急了，一把将心心从滑梯上抱下来："走了走了，这有什么好哭的，不是都答应你下午再来玩了吗？"这时的心心，双手握紧，用力地跺脚，大声哭喊着："不回去！不回去！"奶奶立马拉住心心的手，说："你怎么这么不懂事，这么点小事有什么好哭的？大喊大叫的多没礼貌，你看旁边的小弟弟都被你吓到了。"心心一听，反而哭得更大声了，她坐在地上，无论奶奶怎么劝说就是不肯站起来。

类似的事情还有很多，因为心心这动不动就发作的坏脾气，奶奶不知道批评了多少回，但是依然没用。奶奶很苦恼，难道就没有什么办法可以让心心的脾气变得好一点吗？

现象解读

情绪和脾气

越小的孩子,越控制不住情绪,他们往往需要通过哭闹、扭动身体等方式来表达自己的坏情绪。这些行为在我们看来都比较激烈,不符合乖巧孩子的形象,因此,有时我们会认为孩子"脾气大""不懂事""没礼貌"。但其实,发脾气是孩子常见的情绪表现,与孩子的性格好坏并没有太大关联。孩子动不动就发脾气,主要有以下三个原因:

(1)孩子的大脑发育尚未成熟,还不能很好地控制自己的情绪。美国神经学专家保罗·麦克里恩曾提出"三脑理论":本能脑负责生理功能;情绪脑负责喜怒哀乐和欲望;理智脑负责思考、判断和控制情绪。情绪脑从婴儿出生开始发展,约在6岁之前,都占据着主要地位,而理智脑是最晚发育的,一般要到成年早期才会发育完善。这也是为什么,我们大人能够比较好地控制情绪,而孩子往往是情绪化的。

(2)3~6岁的儿童处于秩序敏感期,他们对周围世界有一套自己的认知。这个阶段的孩子往往不会变通,

甚至有点执拗，成人需要严格遵循他们内心世界所认定的规则，一旦秩序被破坏，孩子就很容易发脾气，以此表达自己的不适应。

案例中的心心认为每天这个时间就应该在小公园玩滑梯，而奶奶提出要中止玩耍，改去菜市场。也许在奶奶的认知里，这是很简单的变通，但在心心看来，这个行为打破了她一直以来的秩序感，因此，心心会表现出激烈的反抗情绪。

（3）幼儿在家庭生活中非常容易潜移默化地习得新习惯，家人的行为无形中会成为孩子观察和学习的对象，因此，我们的情绪也会对孩子的情绪产生很大的影响。如果我们情绪稳定，不经常发脾气，能温和地、平静地和孩子、父母交流、沟通，那么孩子也更容易获得稳定的情绪和好脾气。

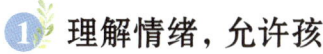

应对策略

① 理解情绪，允许孩子哭闹

因为大脑发育还不成熟，孩子的情绪比较容易失控，这时我们一定要理解他们。要知道，不管是尖叫、哭喊，还是撒泼打滚，其实都是孩子在向我们表达他遇到困难了。可能是环境中的变化打破了孩子的内心秩序，让他焦躁不安；或者是有一些需求被忽视了，但是他们又无法用语言清晰地表达，只能用哭闹、发脾气的方式来宣泄。这时候，请不要给孩子贴上"脾气差""难带""坏孩子"等标签，而是要以包容的心态去接纳孩子、理解孩子，允许孩子大胆地表达自己的情绪，让孩子感受到安全，感受到被理解，感受到"没关系、一切都会好的"。

② 认识情绪，引导正确辨别

6岁以下的孩子，很多时候对自己情绪的感知是模糊的，有时候是生气，有时候是委屈，有时候是害怕，但是他们自己大多分辨不清，也不知道怎么处理内心这些奇奇怪怪的感觉，就统一用发脾气的方式来表达。这个时候就非常需要我们帮着孩子一起认识、辨别各种各样的情绪，让孩子知道开心、愤怒、悲伤、害怕等都是正常的情绪。我们要尤其注意，每一种情绪都很重要，都是有价值的，并没有好坏之分，像生气、悲伤这些相对负面的情绪也是为了保护我们而存在的。

❸ 平和回应，共同接纳情绪

情绪是流动的，在同一个环境中，大家的情绪会相互影响，很多时候我们的情绪也会影响到孩子。因此，当孩子出现哭喊、歇斯底里等表现时，我们首先要保持平和、冷静，耐心、温和地回应孩子的各种情绪。我们要先对孩子当下的情绪做出回应，再去处理其他问题。例如，把孩子拉到怀里抱抱他，让他感受到你理解他的难过，安静地等待孩子慢慢平复情绪，而不是大声斥责孩子："你别哭了！"平和地接纳和回应，会让孩子的内心充满安全感，抚平焦躁，进而重新获得平静。

❹ 正向引导，合理表达情绪

孩子动不动就发脾气，更多的是因为他们不知道如何更好地表达和处理自己的情绪。因此，在平和地接纳孩子的情绪后，我们要进一步引导孩子梳理情绪，找到发脾气的真正原因，帮助他们学会正确的表达。我们可以通过"你是不是很难过？""什么事情让你这么委屈？"等共情式、启发式的问题，帮助孩子识别自己当下的情绪，再利用"你是不是希望我抱抱你？""你是不是想现在就出去玩？"等与事件相关的提问，让孩子把内心的需求表达出来，我们在了解背后的原因后，再和孩子一起想办法解决。这样一步步的引导，会让孩子逐步学会合理地表达情绪，掌控自己的情绪。

试试这样做

① 等待孩子宣泄完情绪

当我们遇到孩子哭闹、发脾气的情况时，不要急着让孩子控制自己，马上停止哭泣，相反的，我们可以尝试先等一等，让孩子把情绪宣泄出来。我们可以放下手中的事情，耐心地陪在孩子身边。当孩子的情绪比较激烈的时候，不要急着去批评孩子，我们可以抱抱他，摸摸他的后背让他感到舒服和安心。给孩子足够的时间，让他把情绪发泄出来，等孩子平静后，再和他分析事情的原委。

② 做情绪稳定的大人

在面对发脾气的孩子时，我们要做一个情绪稳定的人，冷静、平和地理解和接纳孩子的情绪。例如，案例中的奶奶在心心大声哭喊的时候，如果能够平静地安抚她，而不是不停地说她不乖、不懂事，相信心心的情绪会比较快地平复下来，而不会出现后续坐地不起的激烈表现。在日常生活中，我们要尽可能地保持开明、温和的情绪状态，遇到问题不急不躁，有事情大家一起沟通，一起想办法解决，而不是相互指责、吵架。相信这样的祖辈会成为孩子最好的情绪榜样，长此以往，孩子的情绪也会趋于稳定。

③ 利用绘本辅助情绪管理

当今社会，人们普遍对情绪、心理等方面的问题比较关注。关于孩子情绪认识、情绪管理方面的优秀影片、绘本、音频、故事等资源也比较多，我们平时可以多搜集这些资源。同时我们也可以经常跟孩子一起阅读情绪管理类的绘本，这既能帮助孩子慢慢养成良好的阅读习惯，还能在共读绘本的过程中，学会更多、更有效的识别、表达、管理情绪的方法。

④ 做些快乐的小游戏

在日常生活中，我们还可以和孩子玩一些简单的情绪安抚类小游戏。

> **"魔法棒"游戏**
>
> 我们和孩子一起讨论、发现应对消极情绪的"好办法"，例如，做运动、玩橡皮泥、爱的抱抱、看动画片等。将讨论出来的好办法写在"魔法棒"上，将"魔法棒"放进纸盒里。当遇到不开心的事情时，在盒子里随机抽取一个"魔法棒"，并且执行它。这有助于锻炼孩子在遇到挫折时，自主运用多种方法摆脱负面情绪的能力。

"情绪罐子"游戏

当我们察觉到孩子出现生气、懊恼、挫败等情绪时，可以拿出一个透明的、可密封的瓶子，倒入清水，再放入一些漂亮的、体积小而轻的物品，如小亮片，摇晃均匀。问问孩子，现在他的情绪是否如同这个瓶中的小物品一样纷纷扰扰？让孩子盯着杯子里面的小物品，放空大脑。同时播放舒缓的音乐，安静地陪伴孩子一起看着水中的小物品缓慢沉底。这个游戏看似简单，实则可以暂时将孩子的注意力从负面情绪中抽离出来，让孩子好好放松。游戏过后，孩子的情绪会平静许多。

第三节
我和孩子一起迎接新生命

情景再现

孩子间出现冲突怎么办?

6岁的婷婷是一个活泼、有礼貌的小姑娘。一年前,妈妈给婷婷生了一个妹妹。大家都认为乖巧可爱的婷婷肯定会成为一个好姐姐,但实际好像不是这样。

当妹妹来到婷婷的房间,看见婷婷的漂亮娃娃时,喜欢得不得了,抱在怀里不撒手。婷婷放学回家看到妹妹拿着自己的娃娃,立马就冲过去,她发现娃娃上全是妹妹的口水,便立刻将娃娃抢了回来,并大喊道:"啊——这是我的娃娃,都被你弄脏了!"妹妹因为突然被抢走了娃娃,哇哇大哭起来,哭声很快引起了大人的注意。外公听到了,赶紧跑过来,一边抱着妹妹,一边对婷婷说道:"你是姐姐,你的玩具要让给妹妹玩,这样才是好姐姐。"而婷婷听了这话,生气地抓紧了手中的娃娃,大喊道:"她的口水弄到了我的娃娃身上,脏死了!我才不要当好姐姐,她是坏妹妹,你是坏外公,不喜欢你们!"说完,婷婷就扭头走回房间了。

外公看到她发脾气的样子,不禁担心地和婷婷妈妈聊起来:"这孩子怎么越来越不懂事了?"不仅如此,外公还发现,婷婷有时候会故意弄哭妹妹,抢走妹妹手里的食物或者拍打妹妹;吃饭的时候,故意不好好吃饭,要么是米饭老掉在外面,要么是大吵着不吃这个,不吃那个,有时候甚至还要求喂饭;早起穿衣的时候,非要说自己不会穿衣服,嚷着要妈妈帮她穿衣服;她还经常无缘无故地问家里的大人,他们最爱自己还是最爱妹妹。

现象解读

心理失衡与行为退化

新生命降临的时刻，也是全家人最开心的时刻。可对于大宝而言，"突然"多出来的一个小宝宝仿佛轻而易举地分走了全家人对他的关注和宠爱。大宝必然会感到失落和焦虑，这其实是一种心理失衡的现象。在这个过程中，为了夺回宠爱，许多大宝可能会"行为退化"。"行为退化"是一种应激反应，是指孩子明明已经学会做的一些事情，却突然做不好或不愿意做了。如案例中的婷婷，当家里多了一个小妹妹后，婷婷仿佛"变了一个人"，吃饭要妈妈喂，衣服要妈妈穿。这些行为的产生，都是因为婷婷感受到自己被"冷落"，渴望重新获得大家的关注和宠爱。

大宝和二宝争抢物品的背后，还隐藏着大宝的"物权意识"。2岁以后，孩子进入物权意识敏感期，他们会出于本能地维护自己的所有物，不愿意与他人分享。对于大宝而言，他不希望自己的东西（包括父母的宠爱）被别人抢走。因此，当案例中的妹妹拿走婷婷的娃娃时，婷婷才会如此生气。

家中迎来新生命是一个重大的变化，需要每一位家庭成员都做好心理准备。如果家长没有提前告诉婷婷家中即将迎来一位小妹妹，没有引导婷婷将来要如何和小妹妹相处，那么婷婷就很难自己想明白作为姐姐意味着什么，甚至可能会对妹妹产生敌意，认为家人一味地偏袒妹妹，没有站在自己的角度帮着自己。

应对策略

① 新生命到来前,帮助孙辈做好心理建设

当一个家庭准备迎接新生命的到来时,我们要帮助大宝逐步做好准备,和大家一起迎接家庭人员的变化。我们可以在照料大宝的过程中,主动告诉大宝家里即将迎来新成员,让孩子对二宝的到来有心理准备。我们尤其需要通过实际行动,让大宝明白,大人不会因为有了小弟弟或小妹妹就减少对他的爱,新成员到来后,只会多一个人爱他,多一个人陪伴他,从而激发大宝对新生命的期待。

② 孙辈有心理负担时,有效沟通很重要

有效的沟通是解决问题的前提。由于年龄尚小,大宝有时候不懂得识别自己心中的情绪,也不擅长主动向大人提出自己的担忧和恐慌。因此,我们要更加关注大宝的情绪状态和行为表现,主动询问和引导大宝说出自己内心的想法。同时,通过有效沟通,我们可以正确引导大宝合理看待新生命的到来。在交流时,我们可以多和大宝聊聊他小时候是如何出生的,大人是如何照顾他的,让大宝明白从前的他和现在的弟弟妹妹一样,也一直受到非常多的关爱。此外,我们还要通过各种方式尽可能多地向大宝表达对他的爱,并向大宝说明——有时候大家可能"忽视"了大宝,但并不代表不爱他。

3. 家庭分工明确，不忽视大宝

在等待迎接新生命的过程中，妈妈自然地会被肚子里的小宝宝分去很多注意力。这时，我们要格外注意提醒家中的其他成员，多给大宝一些关爱，多承担照料大宝的责任，让大宝感受到原有的爱没有变，避免大宝产生"有了弟弟妹妹，大家就不爱我了"的误解。

试试这样做

① 多途径让孩子接纳新成员的到来

我们可以在大宝心情愉悦时，告诉大宝家里即将有新成员了："爸爸妈妈要生一个小弟弟或小妹妹，又有一个人来和你一起玩了。""到时候，你可以教他怎么玩游戏。"或者当我们与大宝一起阅读有关兄弟姐妹的绘本故事时，让大宝在生动有趣的内容中提前感受兄弟姐妹之间的彼此陪伴和互助成长。我们还可以让大宝参与迎接新生命到来的过程。例如，在妈妈的孕期，可以邀请大宝帮妈妈做胎心监护，感受胎动，试着和小宝宝说说话、讲故事等，增强大宝的参与感，让大宝感受到自己也为小宝宝的到来出了一份力，从而更期待小宝宝的到来。

此外，当小宝宝出生后，亲戚朋友一定会带着礼物来看望新生儿，这时候如果大宝没有收到礼物，那么他的内心会产生极大的失落感。因此，我们可以提前在家里备一些礼物给大宝，让大宝感受到，多了弟弟妹妹，自己只会获得更多的关爱，从而更容易接纳家庭新成员。

② 勤沟通，多交流，了解大宝内心变化

我们可以多和大宝交流，和大宝聊聊妈妈怀他时候的事情，让大宝知道妈妈之前是怎么做的，明白自己和弟弟妹妹一样。我们要鼓励大宝自由地表达内心的感受和情绪，要接纳大宝不好的情绪。例如，我们可以这样问："我知道你现在不开心，可以更具体地告诉我，是因为什么吗？"

当大宝和二宝发生冲突时，即使大宝的行为不对，我们也要先接纳大宝的情绪，先安抚好他，然后再去询问背后的原因。例如，我们可以这样沟通："你拿回玩具的时候，力气非常大，我想你一定很着急，可以告诉我为什么吗？"在与大宝的对话中，我们要体现对大宝的尊重，不建议用哥哥或姐姐的身份来"捆绑"大宝。当二宝要拿走大宝的某些东西时，我们可以说："大宝，东西是你的，你决定是否给妹妹（弟弟）。"

3 不减分量的陪伴和关爱

当父母忙于照顾小宝宝时，我们可以将更多的注意力放在大宝的身上。我们可以多做大宝喜欢吃的菜，而不要为了顾及二宝的饮食，改变大宝原有的习惯。在学习和生活上，我们可以多和大宝聊聊学校的事，主动接送大宝上下学等，要让大宝感受到自己仍然受到这么多的关注。切记，不要对大宝说："妈妈有小妹妹（弟弟）了，只能我来接你了。"反之，我们可以说："你有妹妹（弟弟）了，又多了一个爱你的人，我们好好爱护他哦。"

为了让孩子更加直观地感受到自己从父母那里得到的关爱并没有减少，我们也可以承担照顾二宝的职责，让爸爸妈妈单独陪伴大宝。陪伴时间的长短并不是很重要，重要的是，那段时间里，让大宝拥有专属陪伴。

第四节
我能应对孩子的叛逆期

情景再现

孩子叛逆怎么办？

外婆发现，现在的俊俊没有小时候那么听话了，经常不理人，脾气也大了很多，动不动就摆脸色。比如天气冷了，自己有时出于关心，想让俊俊多穿一点，可是俊俊要么当作没听到，要么不说话不理人，甚至还会马上顶嘴。

这天中午，俊俊突然说要和同学出去玩，不在家吃饭了。外婆就问道："和谁一起去啊？中饭吃什么？外面的东西都不卫生，你现在正是长身体的关键时候，怎么能去外面吃那些乱七八糟的东西呢，肯定是家里的饭菜好啊……"可是还没等外婆说完，俊俊立马生气了，冲着外婆大喊："一天天就知道管这管那，叨叨个不停。连我出去、去哪里、吃什么都要管，烦死了！就不能让我自己好好玩吗？我都这么大了,你以为我还是连饭都不会吃的小孩子吗?"外婆一下子愣住了,下意识地吼回去:"你长大什么长大,你才多大啊!知道点什么?"谁知,外婆一说完,俊俊立马从家里跑了出去,还把门摔得震天响,外婆赶紧追到门口一看,人影都没了。

外婆又生气又伤心,回想着这几年女儿女婿工作忙,俊俊是自己一手带大的,他小时候乖巧又听话,自己说什么他就做什么,怎么长着长着突然就变得这么不可理喻了?多提醒几句不也是为他好吗,俊俊怎么就接受不了呢?

现象解读

叛逆期

一个孩子的成长过程,本质上是他自我意识不断觉醒,意识到自己是独立的人,然后与周围的人、事、物产生关系,不断摩擦又不断融合的过程。正是因为孩子自主意识的不断觉醒和增强,孩子在成长的过程中,通常会出现三个叛逆期。

第一个叛逆期是孩子的秩序敏感期,属于"宝宝叛逆期",一般出现在2~4岁。处于这一时期的孩子会要求周围环境按照自己内心的要求来,一旦被破坏,就会有哭闹的表现。

在7~9岁的时候,孩子会进入"儿童叛逆期",表现为爱顶嘴、理由多、情绪波动大,虽然会听成人的话,但往往伴随着质疑或挑刺,一改之前大人说什么就做什么的状态。

在12~18岁阶段,孩子会进入"青春叛逆期",这是最漫长也是最令人头疼的叛逆期。这一时期的孩子会有冲动、易怒、固执、讨厌被限制的表现,有的甚至会出现厌学、贪玩等较为极端的情况。案例中俊俊的种种表现,

就是典型的青春期叛逆。

叛逆期对于良好亲子关系的维系，的确是一个比较大的挑战。其中，12~18岁的孩子，随着他们的生长发育，身体会分泌各种激素，心理上会出现各种冲突，自主意识也会变得更强，自我认同和自尊心都到了一个十分别扭又敏感的阶段。他们更渴望独立和自由，希望自己是被尊重、被理解、被认可的个体。而我们成人多年来已经习惯了对孩子的全权掌控，习惯了代替孩子做决定，因此，这个阶段的家长还是容易唠叨，频频向孩子发号施令，期待孩子按照自己的想法做事。

由于我们和孩子之间存在比较大的认知差异，再加上缺乏深入的沟通，就容易使得孩子积压已久的情绪变本加厉地爆发出来，演变成动不动就争吵、发脾气的问题。

应对策略

1. 减少唠叨,求助时伸出援手

处于叛逆期的孩子,一方面讨厌成人的束缚,另一方面需要成人的心理支持。这个时候,成人的各种叮嘱在孩子的耳朵里,都容易变成要求和管束,会激起各种负面的情绪和不必要的争论。因此,我们需要减少日常的唠叨,减少对孩子学习、生活的干涉,更要避免以命令的口吻跟孩子说话,以免引起无意义的争论。但是当孩子有困惑或者遇到困难的时候,我们一定要积极地、及时地伸出援手,第一时间给予支持。这样的祖辈,相信孩子一定会十分信赖和喜爱。

2. 尊重孩子,主动倾听意见

处于叛逆期的孩子,极其需要一个民主、平等、有独立空间的家庭环境来陪伴他的成长,这也是帮助孩子顺利度过青春期的关键。此时,我们要充分肯定孩子的想法,转换自己的观念,将他当成一个"小大人"或者"准大人"来看待。以对待朋友的方式,充分尊重孩子,倾听孩子对于自己、对于家庭各种事情的看法,让孩子感受到自己是被尊重、被理解、被认可的。

③ 营造宽松氛围，日常多欢笑

营造宽松的家庭氛围，是帮助孩子平稳地度过叛逆期的重要法宝，能够抚平孩子的各种焦躁情绪。因此，在这一时期，我们更多的是需要放宽心，笑口常开，和爸爸妈妈一起，共同营造一个快乐温暖的家庭氛围。家人之间多聊聊天，一起策划家庭旅行，共同举办家庭聚会等，多开展一些增进情感、让人放松的活动，这样孩子的情绪会得到放松，他们也会更加愿意表达内心的想法。

④ 丰富自我，转移生活焦点

为了孩子的健康成长，我们付出了大量的时间和精力，生活的重心似乎始终在孩子的身上。随着孩子的慢慢长大，我们也要慢慢地将生活的焦点调整到自己身上，给自己创造一个丰富多彩的晚年生活。我们以自身为榜样，让处于叛逆期的孩子看到家庭成员对生活的热爱和追求。而且，当我们把生活重心转移到自己身上后，放在孩子身上的注意力自然也就减少了，这对孩子来说也是一种尊重和放手。孩子既有了积极态度的影响，又有了独立成长的空间，相信祖孙关系、亲子关系都会更加和谐友爱，全家一起顺利度过叛逆期。

试试这样做

1 做一个让孙辈信任的祖辈

叛逆期的孩子在和大人沟通的时候，很容易因为听到两三句不顺心的话就把真实想法藏起来，要么沉默，要么发脾气对抗。只有当他们觉得大人和自己是"一伙儿的"时，才愿意滔滔不绝地表达自己内心真实的想法。所以这个时候我们一定要坚定不移地站在孙辈"阵营"，取得孩子的信任，让他愿意充分地表达，再徐徐图之。例如，孩子跟老师起冲突了，我们应该第一时间表示对孩子的理解，不要在未了解真相的情况下劈头盖脸指责孩子，我们可以用幽默的方式来应对。例如，我们可以说："哎呀，很有爷爷当年的风采嘛！"这样孩子立马就觉得你是可以信任的，是理解他的，他们也就愿意把心里话讲出来。而后我们可以帮助孩子一起分析问题，找到更好的解决办法。

2 做一个不讲大道理的祖辈

孩子往往有自己的想法，也有自己做事的一套主张，虽然不一定完全正确，但是这些都会成为他未来面对社会的宝贵经验。我们不要讲大道理，不要把自己的观念强加给孩子，反而要学会示弱，经常听听孩子的想法和意见，接受孩子的生活习惯或方式，甚至向孩子学习。例如，当我们不会用一些电子产品时，就可以虚心向孩子请教，让自己从"高高在上"的祖辈变成亲切可爱、虚心好学的祖辈，这样，孩子也会更愿意亲近我们。

3. 做一个给孙辈自由的祖辈

我们可以适当减少对孩子生活的干涉和控制，要给孩子独立的空间和充分的自由，就像放风筝一样，只需要把握住风筝线的一头，让风筝高高地飞，而不是把风筝牢牢地捏在手里。例如，孩子爱吃"垃圾食品"，那就偶尔满足孩子一次，零食外卖也可以睁一只眼闭一只眼，孩子快乐更重要；孩子做作业累了想睡觉，就让他先把作业放一放，好好地去睡一觉；孩子说周末要跟朋友出去玩，就放心答应他，约定一个回家时间，少问去哪儿、做什么之类容易让孩子感到自己被管控的问题……让孩子在家、在我们身边仍然能感受到自由、自主，这样又怎么会出现门一摔就跑、喊都喊不回来的情况呢？

第五章

孙辈的意志品质

如何引导孩子爱家乡、爱祖国?

如何引导孩子爱他人?

孩子遇到挫折想放弃怎么办?

年幼孩子能帮忙做家务吗?

俗话说"家有一老，如有一宝"。在年轻父母疲于工作的现代社会，我们祖辈参与育儿会给小家庭带来极大的帮助。我们愿意倾听孙辈内心的想法，理解他们的需求和情感，在我们的陪伴下，孙辈感受到家庭的温暖，他们知道无论遇到何种困难，都能从我们这里获得支持与鼓励。这种安全感和信任感有助于孙辈建立自尊心和自信心，从而更好地应对生活中的各种挑战。

我们在家庭教育中的重要作用，不仅仅是对孙辈日常生活的照顾，还体现在以独特方式传递道德观念和文化传统上，引导孩子走向正确的人生道路。我们通过与孙辈分享家族先辈的奋斗故事，将家族优秀的价值观念、道德准则以及文化传统传递给下一代。这种情感和血脉的传承，有助于孙辈树立正确的人生观和价值观，为他们未来的健康发展提供坚实的基础。

本章立足祖辈在家庭教育中的独特优势，突出祖辈对于培养孙辈良好道德观念和意志品质的积极作用，用生动的案例引导祖辈将过往年代的宝贵经历和经验代代相传。相信在祖辈的引领下,孙辈能更好地理解和传承这些优良传统和宝贵品质,并将其融入他们的学习和生活之中。这样的教育不仅能让孙辈受益,让祖辈在家庭教育中发挥特长,也有助于传承中华民族的优秀文化。

第一节
我激励孩子热爱劳动

情景再现

年幼孩子能帮忙做家务吗？

诺诺今年三岁了，家里人都很重视对她的劳动教育。有一天，外婆接诺诺放学回家后，就在厨房准备晚饭，诺诺则在客厅玩积木。外婆炒菜的样子吸引了诺诺，于是诺诺学着外婆的样子，用积木收纳盒当锅，把积木想象成蔬菜，学着外婆的样子炒起了菜。外婆看到后十分惊喜："诺诺真是个能干的孩子，都会炒菜啦！"诺诺听到外婆的夸奖，心里美滋滋的，手里的"锅铲"翻炒得更加有模有样了！外婆看诺诺对做菜有兴趣，心想厨房里还有一些豌豆没有剥，正好可以让诺诺试试。外婆知道诺诺还小，剥豆子可能有些难，于是手把手地带着诺诺一起剥了几颗豆子，让诺诺明白如何更轻松地剥出豆子。机灵的诺诺很快就学会了，于是外婆回到厨房继续炒菜。

过了没多久,外婆探出脑袋一看——哎呀!豌豆还没剥几颗,这小家伙已经开始玩起豆子来了!外婆没有生气,也没有责怪诺诺,而是对诺诺说:"我们要加快速度哦,不然爸爸妈妈回来就要饿肚子了。外婆和你比赛,看看谁剥得又快又好!"诺诺一下又来了兴趣,赶紧和外婆比拼剥豆子。很快,祖孙俩一起把豆子剥好了。

到了吃晚饭的时候,外婆当着全家人的面再次夸奖了诺诺:"我们诺诺现在可能干了,都可以帮着做晚饭了,今天这个豌豆可是诺诺自己剥的呢!而且剥得又快又好!"爸爸妈妈听后对诺诺竖起了大拇指!诺诺开心得不得了,脸上露出了自豪的笑容,她拍着胸脯说:"别看我小,我可以帮你们做很多事情呢!"

现象解读

劳动教育

劳动教育是指通过劳动实践和教育活动，培养孩子劳动的能力、态度和品质，使他们掌握劳动的操作技能，了解劳动的意义和价值，以适应未来生活和工作的需要。

家庭是孩子劳动教育的第一课堂，生活中处处有劳动，教孩子做家务的过程其实就是劳动教育。案例中诺诺的外婆就很好地利用了生活中的教育契机，引导诺诺从最简单的家务做起。家庭劳动教育是一个人学会基本生存之道，养成良好个性品质，懂得尊重他人劳动成果的首要途径，也是强健体魄、丰富精神生活、提高精神境界的重要载体。劳动教育对于孩子的全面发展具有十分重要的意义：

（1）劳动可以促进孩子的大脑发育。劳动可以促进孩子身体各个部位的发展，如手臂、大腿、手指，进而促进大脑发育。案例中的诺诺在剥豌豆的过程中就能很好地锻炼手部肌肉，促进了精细动作的发展。

（2）促进孩子认知能力的发展。家务劳动中蕴藏着

丰富的学习内容。例如,在剥豌豆的过程中,3岁的诺诺知道了炒豌豆之前需要先清洗豌豆、剥去外壳。对于年龄大一点的孩子,他们可以通过数一数自己剥了多少颗豌豆来强化算术能力,还可以了解豌豆的营养价值和生长习性等。

(3)培养孩子的家庭责任感。孩子们在承担家务的过程中,会认识到自己也是家庭中的一员,自己能为家庭做出贡献,并能在劳动中体会家人的辛苦,学会体谅和尊重家人。

(4)培养孩子的自信心、独立性,增强孩子的幸福感。家务劳动能让孩子在完成一些力所能及的小事中获得成功的体验,让孩子做到"自己的事情自己做,家人的事情帮忙做"。同时,家人的夸奖和认可也会增强孩子的幸福感和自信心。

应对策略

1 以自身为榜样，对孩子进行劳动教育

我们在对孩子开展劳动教育方面具有自身独特的优势。一方面，我们通过自己勤劳的双手创造了美好的生活，尊重劳动、热爱劳动。因此，我们是传递"劳动光荣"这一传统美德的最佳模范。另一方面，我们具备丰富的经验和良好的劳动能力，做家务干净利索，把家里打理得井井有条，起到了很好的示范作用。

孩子是在观察和模仿的过程中进行学习的，日常生活中我们对劳动的态度和我们的劳动技巧，都会在劳动的过程中潜移默化地对孩子产生深远的影响，这些都是我们传承给孩子的宝贵财富。

2 避免包办，鼓励孩子从身边小事做起

孩子是在直接感知、实际操作、亲身体验中学习的，也就是说，只有让孩子自己去做，去体验，他们才能真正地理解劳动的意义。

我们有时候会忍不住想帮孩子做好所有的事情，但是我们也要意识到，只有放手让孩子去做，才能帮助他们成长得更快、更好。因此，我们可以尝试着让孩子从一些简单的、轻松的小事做起，如分发碗筷、洗菜、把衣服放进洗衣机、取快递、浇花、自己整理玩具。

❸ 巧用游戏，激发孩子对劳动的兴趣

喜欢玩游戏是孩子的天性，玩游戏也是孩子重要的学习方式之一，因为游戏中往往蕴含着知识和方法。

家务劳动可能有些枯燥乏味，孩子有时不愿意参与，因此，我们可以采用游戏的方式开展家务劳动，从而激发孩子主动参与、积极实操的兴趣。如案例中，诺诺的外婆用比赛的方式激励诺诺，和诺诺一起又快又好地剥完了豌豆。

❹ 及时肯定，培养孙辈对劳动的积极情感

孩子对日常生活中的一切事物都是充满好奇的，凡事都想自己做一做、试一试。

当孩子主动提出要做家务时，不管最后做得如何，我们都不要打击孩子的积极性，要在孩子做的过程中及时给予肯定和鼓励，让孩子知道他做的每件"小事"我们都看到了，并且也得到了我们的认可。当孩子从做家务这件事中获得了愉快的情绪体验后，孩子就能逐渐从无意识的模仿劳动，变成有意识的主动劳动。

试试这样做

❶ 在生活中渗透劳动教育

生活中的任何一件小事都是开展劳动教育的机会。我们在做家务时可以给孩子讲解一下方法，让孩子试着做一做。例如，择菜时让孩子一起参与，从择菜到洗菜，逐渐让孩子知道菜的哪些部位可以食用；舀米时，告诉孩子今天几个人吃饭，应该舀多少米最合适；洗米时，告诉孩子怎样洗可以又干净又不破坏大米的营养，如何判断大米已经洗干净了；还可以借机培养孩子的环保意识，如洗米水可以冲厕所、浇花；晒衣服时，请孩子帮忙拿衣架，让孩子帮忙夹一些小衣物，如袜子；收衣服时，让孩子帮忙把干衣服拿进房间，并学着叠一叠，可以从简单的衣服叠起，如小袜子、小内裤。

我们不要总觉得"孩子还小，做不好的"，要知道我们带领孩子一起做家务，并不是为了让孩子减轻我们的家务负担，而是培养孩子的劳动意识，满足孩子想为家人做点事的愿望。

❷ 以游戏的形式开展劳动教育

对于年龄比较小的孩子，枯燥的家务对他们可能缺乏吸引力，因此，我们可以通过玩游戏的方式来吸引孩子做家务。

竞赛类游戏

扫地时，可以和孩子一起玩"送垃圾回家"的游戏，看谁送得快。剥花生时，可以和孩子比赛谁剥得多、剥得快等。

"过家家"游戏

利用积木、餐具等与孩子玩过家家的游戏。我们可以说："平常都是奶奶做饭给你吃，今天你也炒个菜给我吃，好吗？""吃完了，现在我们一起将桌子、盘子、碗收干净，好吗？"通过玩具模拟生活场景，让孩子对家务产生兴趣，进而逐步过渡到真实的生活场景中。

"角色扮演"游戏

收玩具时，我们可以引导孩子想象自己是一位"清洁员"，开着一辆清洁车，清扫地板上、沙发上、桌椅上的各种垃圾，然后分类放置。我们在整理房间里的毛绒玩具时，试着让孩子扮演动物园里的"饲养员"，"天黑了，要送小动物们（毛绒玩具）回家睡觉了。"然后和孩子一起把毛绒玩具整齐地收纳好。

在和孩子玩劳动游戏时，我们可以示弱，假装自己不会做，让孩子多示范、多做。在玩竞赛类游戏的过程中，我们也可以故意落败，让孩子体验到胜利的喜悦。

3. 及时给予肯定和鼓励

当孩子积极参与做家务时,我们首先要在这个过程中给予肯定和鼓励,注意夸奖时语言要具体,对于年龄较小的孩子,还可以用一些夸张、有童趣的表达。例如,"你整理得真整洁,所有的玩具宝宝都回到自己家里了!""你拖得真干净,地面就像镜子一样亮,外婆真想照一照!"越是具体的语言,越可以帮助孩子认识到自己的哪一个行为是被肯定的。

其次,我们要及时鼓励,最好是孩子一做出正确的行为,就马上给予肯定,这样有助于孩子把当下的行为和让人愉悦的表扬联系起来,从而获得极大的满足感。若是在事情发生后才夸赞,孩子获得的愉悦感就会大打折扣,以后再做家务的积极性也可能会降低。

最后,我们要用平常心来看待孩子的家务能力。我们要给予孩子足够的耐心和信心。当孩子动作较慢时,我们可以在一旁耐心地等待,用语言鼓励孩子,而不是立即包办代替;当孩子想做家务却反而"帮倒忙"的时候,我们也不要责备孩子"捣乱""添麻烦",而是应该首先肯定孩子愿意帮忙的行为,然后安慰孩子:"我知道你是用心在做,下次我们再试试,多做几次就会越做越好!"

第二节
我教导孩子正确应对挫折

情景再现

孩子遇到挫折想放弃怎么办？

星星今年九岁了，她的爷爷是一位书法爱好者。在爷爷的熏陶下，星星也开始对书法产生了兴趣。爷爷为了鼓励星星，特意准备了不少字帖，但是星星总是以学业太忙为由疏于练习。在爷爷的鼓励下，星星决定参加学校的书法比赛。这次，她花了不少心思，希望能够获奖。比赛的结果很快揭晓，星星没有获得任何奖项，她非常失望。

星星垂头丧气地来到爷爷家。她一见到爷爷就哭了起来："爷爷，我书法比赛没有获奖。我是不是在书法方面没有天赋，我不想再练书法了！"爷爷听后严肃地看着星星，说道："星星，虽然这次比赛你花了很多心思，但是在书法方面你仍然是个初学者。平时你疏于练习，积累也比较少。

每次失败都是一次宝贵的学习经历,找到原因,有针对性地努力,相信你下次一定会有所进步!"见星星慢慢地平复了心情,爷爷接着说:"星星,书法创作是一种表达自己情感和想法的方式,这是一个享受的过程,无关乎是否获奖。"星星听了爷爷的话,渐渐恢复了信心,她对爷爷说:"爷爷说得对,我很喜欢书法,不应该因为没有获奖就轻易放弃,我要多加练习。学书法不是为了获奖,而是为了自己的兴趣!"

随着时间的推移,在爷爷的带领下,星星在书法上有了更大的进步。她明白了爷爷的教导,人生中的每一个挫折都可以成为她前进的动力。她觉得自己非常幸运,有爷爷这样支持她和引导她的榜样。

现 象 解 读

抗挫折能力

抗挫折能力是指孩子在遭遇挫折时，能否经受得住打击和压力，能否摆脱困境而使自己免受心理创伤和行为失控的一种耐受能力。影响孩子抗挫折能力发展的因素有三个方面。

（1）个体因素。包括孩子的体质、已有经验、好奇心和兴趣等。首先是体质方面。体质较弱的孩子，时常感到身体不舒服，易生病，这类孩子在挫折面前往往倾向于逃避和退缩。二是已有经验。孩子对同一件事情的已有经验会影响孩子的行为。如果孩子以前做某件事有多次失败的体验，那么他们将更有可能逃避这件事。三是好奇心和兴趣。好奇心和兴趣是孩子探索世界的动力。如果孩子有强烈的好奇心，或者对某件事充满兴趣，那么他们就会有动力去正视困难，通过不断挑战，去解决问题。

（2）环境因素。周围环境所传达出来的信息将会影响孩子面对挫折的态度，其中家庭和学校是最具有影响力的环境。如果祖辈、父母、老师、同学在面对挫折时

都表现出积极向上的态度和努力解决问题的意志,那么孩子也可能会表现出更高的抗挫折能力,更主动地去挑战挫折。

(3)情境因素。孩子面对挫折时所处的情境不同,他表现出来的抗挫折能力也会不同。例如,当孩子和比他年龄小的弟弟妹妹在一起时,如果遇到了平时解决不了的困难,此时孩子会更愿意表现出迎难而上不退缩的态度;当和同龄人或年龄更大的同伴在一起时,孩子在面对挫折时会更倾向于逃避,等待同伴或哥哥姐姐来解决问题。

著名心理学家马斯洛提出:"挫折未必总是坏的,关键在于对待挫折的态度。"在压力逐渐增加的现代社会,培养孩子的抗挫折能力将有助于孩子在遇到困难时,保持心理的健康和情绪的稳定,并以高昂的精神状态面对未来学业和生活。

应对策略

① 培养孩子的成长型思维,提高抗挫折能力

成长型思维是一种持续学习、适应变化的思考方式,它认为每个人都有成长的潜能,个体可以通过不断地学习提升自己。简单地说,成长型思维就是引导孩子用积极乐观的心态去应对各种困难和挑战。

在面对挫折、遭遇困境时,成长型思维能够增强孩子应对挫折的毅力,帮助孩子缓解压力和焦虑,不会因为成长道路上的挫折和失败否定自己。因此,我们可以将成长型思维的培养合理、科学地融入到日常生活中,引导孩子通过学习和实践、反思和总结、坚持行动、迎接挑战、自我激励等多种方式,培养成长型思维,让孩子明白成功取决于不懈的坚持与努力,帮助他们形成积极、乐观的心态,更加从容地应对生活中的挫折与挑战。

② 引导孩子宣泄负面情绪,培养情绪调控能力

遭遇挫折会带来消极的情绪体验,如果这些消极的情绪得不到宣泄,不仅会影响孩子的身体健康,还会导致孩子心理不平衡,损害孩子的心理健康。因此,我们应该引导孩子学会调节和控制自己的情绪,帮助孩子合理宣泄自己的负面情绪,这样不仅可以促进孩子的身体健康，还能减轻或消除孩子的心理压力，提高其抵抗挫折的能力。

案例中，星星在没有取得预期结果时，体验到了巨大的挫折感，随之产生了失望、沮丧等一系列消极情绪。由于这种消极情绪没有得到及时的宣泄，星星进一步陷入了自我怀疑中，从而想要放弃自己的兴趣爱好。星星的爷爷通过言语激励、倾听等方法来帮助星星宣泄负面情绪，培养星星的情绪调控能力。

❸ 帮助孩子养成解决问题的思维，提升解决问题的能力

面对成长道路上的挫折，有一些人会从自身寻找原因，而有一些人倾向于将原因归于外界环境。当孩子遭遇挫折和失败时，我们不应该一味地将失败的原因归于外部环境，而应该引导孩子从自身出发，引导他们自我反思，从而明白挫折并不是无法克服的障碍，而是驱动我们去寻找解决方案的机会。我们要把孩子引导到"如何解决问题"的道路上来，培养孩子解决问题的能力。

试试这样做

❶ 在日常生活中培养成长型思维

我们是陪伴孩子时间最长、和孩子最亲密的家人之一。我们可以借助碎片式的生活情景，在日常小事中培养孩子的成长型思维。

（1）对待表扬。我们可以称赞孩子的良好品质，如认真、勤奋、有爱心、有责任心、有韧劲、待人友善，但不要轻易夸赞孩子聪明、有天赋，这会让孩子在"天才"的错觉中失去奋斗的动力。另外，要多多表扬孩子努力的过程，不要把重点放在结果上。例如，孩子去参加一场书画比赛，我们可以表扬孩子在准备过程中付出的努力："你为了准备这场书画比赛临摹了一百多张画，奶奶真为你的毅力感到骄傲！"注意，不要仅仅关注孩子努力后的结果。

（2）对待犯错。当孩子犯错时，我们应该和孩子一起探讨错在哪里、为什么错、应该怎么改正，而不能一味地否定孩子，打击他们的自信心和自尊心。我们可以采用"陈述问题+询问原因+探讨解决方式"的话术，例如，"孩子，外婆发现昨天数学试卷上的签名不是你爸爸的笔迹，你可以跟我说说是怎么回事吗？接下来我们应该怎么办呢？"在冷静、平和地听完孩子的讲述后，我们陪伴孩子一起解决问题，改正错误，我们可以说:"一次没考好不代表你不努力,你因为担心爸爸责怪而模仿爸爸的签名,外婆理解你的害怕和懊恼,我们一起想想看怎么跟爸爸承认错误,好吗?外婆陪你分析这次没考好的原因,咱们继续努力!"

(3)对待失败。当孩子遭遇失败,我们要让孩子相信,一次失败并不代表永远失败。我们可以对孩子说:"这次的失败只是暂时的,你这一次没有做好,下一次加油哦!"当孩子遇到障碍和挫折时,我们要多鼓励他们,如"虽然这个问题没有解决,但是你一直都在努力,我为你感到骄傲。"同时,我们要为孩子提供一些力所能及的帮助。

(4)对待新挑战。当孩子面对新的挑战时,我们可以引导孩子明确这件事的价值排序,让孩子知道过程远比结果更重要,从而降低对结果的执着,把注意力和努力放在做事的过程中。例如,我们可以告诉孩子:"最重要的是,在这个过程中你有没有获得开心的体验?有没有因为挑战自己而充满成就感?"此外,对于容易退缩的孩子,我们也应鼓励他们走出舒适圈,勇敢迎接新挑战。我们可以这样鼓励孩子:"不管结果怎么样,至少你勇敢地报名参加了,在我心里,你是最棒的,因为你战胜了自己的恐惧和胆怯,这很不容易!"

2. 通过亲子游戏来帮助孩子平复消极情绪

对于年龄较小的孩子,我们可能很难通过摆事实、讲道理的方式来帮助他们理性对待挫折,并且当孩子因为遭遇挫折而大哭大闹时,通常容易出现呼吸急促的感受,而这种感受会带给孩子不舒适的生理体验,从而加深负面情绪。因此,我们可以通过"蝴蝶呼吸"游戏来帮助孩子调节呼吸,从而辅助他们释放压力。

"蝴蝶呼吸"游戏

我们首先帮助孩子识别当下发生了什么。我们可以这样说:"你是不是哭得有点喘不上气啦,有点难受对不对?外婆带你玩一个'蝴蝶呼吸'的游戏,你想不想试试?"然后进行示范,伸出两只手,合在一起当作会飞的"蝴蝶"。"蝴蝶"上下飞舞,一会儿左边,一会儿右边,一会儿高,一会儿低,此时孩子的注意力会被"蝴蝶"所吸引,我们可以引导孩子跟随"蝴蝶"的飞舞来调整呼吸。"蝴蝶飞向天空那朵云,让我们深深吸一口气,帮助蝴蝶飞得更高!现在蝴蝶要飞向深深的峡谷,让我们大大地呼出一口气,让蝴蝶去到最深的谷底!"几轮呼吸后,孩子的气息和情绪就会平复下来。

❸ 通过有效提问提高孩子解决问题的能力

孩子感到挫败往往是因为他们无力解决困难,因此,我们可以陪伴孩子一起思考解决问题的方式，用启发式的、开放式的提问激发孩子的创造性思维，从而助力孩子解决问题。当孩子意识到大部分问题是可以有效解决的时候，他们的抗挫折能力也会随之提升。以下是我们可以参考的有效提问：

① "发生了什么事情？" —— 让孩子有机会回顾。

② "你的感受如何？" —— 让孩子的情绪能得到表达和发泄。

③ "你能想到哪些解决办法？" —— 尊重孩子的意见。

④ "你这么做的后果是什么？" —— 引导孩子思考后果。

⑤ "你决定怎么做？" —— 让孩子思考下一步行动。

⑥ "你希望我做什么？" —— 为孩子提供支持。

⑦ "下次遇到这样的情况，我们应该怎么做？" —— 让孩子学会反思。

第三节
我能培养孩子关爱他人

情 景 再 现

如何引导孩子爱他人？

小学六年级的小毅是由外公外婆照顾长大的，他最喜欢和外公外婆一起生活。但是，每个周六都是小毅外公外婆的"消失日"，小毅很疑惑，外公外婆到底去忙什么呢？

这个周六，小毅想看看外公外婆的小秘密。一大早，小毅跟着外公外婆来到社区中心。原来，这里有一个志愿者团队，他们定期为需要帮助的人提供物资和关爱，小毅的外公外婆已经是志愿者团队里的老成员了。这下，外公外婆的秘密可算是被小毅发现了。

很快外公外婆就开始投入了工作。望着他们脸上的笑容，小毅也忍不住要帮忙。于是，小毅很快熟悉了志愿者的工作流程，和其他志愿者一起分发食物，打扫卫生。在这个过程中，小毅接触到了各种各样的人：有年迈的老人，脸上洋溢着温和的笑容；有调皮的孩子，在玩耍中传递着欢乐；有来自贫困山区的年轻人，他们生活困难，却仍然努力奋斗。大家带着对未来的期许和努力，互相鼓励着、安慰着，也常常尽己所能地去帮助他人，这份坚强和乐观深深地触动了小毅的心灵。

志愿者工作结束后，小毅激动地说："今天我给需要的人们提供了帮助，这种感觉真是太美妙了！"外公慈爱地笑了："爱不仅是享受被他人照顾，更是关心、照顾别人。"小毅点了点头说："当我看到人们脸上的笑容时，我感受到了奉献的满足和快乐！你们下次来当志愿者可一定要带上我，我以后还要来体验这爱与被爱的转换呢！"

现象解读

共情力

共情力是一种重要的情感智力,它涵盖了识别、理解和积极地回应他人情感的能力。共情力在儿童的成长和发展过程中扮演着重要的角色,不仅对他们个人的情感健康有益,还有助于他们建立积极的人际关系。具体体现在以下几个方面:

(1)情感识别和理解。共情力包括识别和理解他人的情感。儿童通过观察他人的表情、声音、体态等来捕捉情感信号,从而理解对方此刻的情绪状态。

(2)情感回应和支持。共情力包括积极地回应他人的情感。这意味着有共情力的儿童能够为他人提供情感上的支持和安慰。当同伴面临困难或挫折时,有共情力的儿童会给予关心、鼓励和支持,让同伴感受到关心和被理解。

(3)人际关系的建立。共情力有助于儿童建立积极的人际关系。有共情力的儿童更容易与他人产生深入的联系,因为他们能够真正地理解和体会他人的情感,从而在交往中表现出适宜的关心和关爱。这种能力有助于

儿童掌握良好的人际交往技巧，从而与他人建立更深的友谊。

（4）社会和谐的促进。共情力不仅会影响个体的人际关系，还有助于社会和谐。当儿童能够理解他人的情感和需要，愿意提供帮助和支持时，人与人之间的合作和互助就会增加，从而营造出更加友善和融洽的社会环境。

在案例中，小毅与外公外婆一起参加志愿者活动，小毅通过与不同人群的接触，学会倾听和理解他人的情感，逐渐培养了共情力。这也使得小毅能更好地与父母、祖辈以及其他人建立更深入的情感联系，从而加深自己对家庭和社会的理解。

在儿童的成长过程中，培养共情力是家庭、学校和社会共同关注的重要任务。通过鼓励孩子关注他人、理解他人并提供帮助，我们可以培养他们的共情力，让他们更有同情心，主动去关心他人。

应对策略

我们在培养儿童共情力方面发挥着重要的作用，我们是孩子最亲近的长辈，我们的言行和示范，可以深刻地影响孩子的情感理解和人际关系。以下三个策略可以帮助我们培养儿童共情力。

1 示范共情行为，鼓励情感表达

日常生活中，我们要以身作则，亲身示范，向孩子展示自己对他人行为、处境的理解和关注。在与孩子互动时，我们要大方地表现出对他们的关心、支持和理解，让他们看到共情的力量。

例如，当孩子遇到困难或情绪低落时，我们可以倾听孩子的感受和想法，并给予安慰和支持。同时，帮助孩子认识和表达自己的情绪和感受，鼓励孩子通过交流、绘画等方式表达自己的情绪和感受。

2 巧用图书，理解他人感受

我们可以选择情感表达主题的绘本，帮助孩子理解他人的情感和需求。在阅读过程中，我们可以引导孩子细致地观察书中人物的动作、神态，品味人物的语言，理解他人的需要和感受。在日常生活中，我们也可以在孩子的人际交往过程中，鼓励他们主动观察小伙伴的行为和情绪反应，讨论小伙伴此时的心情和想法，培养孩子的同理心。

③ 创设社交机会，家人共同助力

我们要积极鼓励孩子参与社交活动。通过与小伙伴的合作和互动，孩子将有机会去理解并回应他人的情感和需求。同时，在家庭中创造开放的氛围，鼓励孩子分享他们日常生活中的共情经历。定期开展讨论，分享彼此的感受、困惑和乐趣，帮助孩子从中学习共情的经验和技巧。

试试这样做

❶ 分享情感并展开讨论

我们可以给孩子创造一个开放的环境,鼓励他们分享自己的情感和经历。例如,可以在吃晚餐的时候,一家人坐在一起聊一聊各自身上发生的难忘事件。我们可以先做一个示范,有了示例,孩子会很容易联想到日常生活中自己关爱他人和被关爱的经历,此时,我们要抓住机会鼓励孩子勇敢地分享出来。

在这类谈话过程中,我们要注意以下两点:一是当孩子进行经历分享和情感表达时,我们要注视孩子,表达出我们对他的兴趣和关注,认真倾听,不随意打断和评价。二是使用开放性问题引导孩子展开对话。例如,问他们今天有什么高兴的事,有没有遇到什么问题,是否需要帮助,或者询问他们对某种情况的看法。

❷ 共同参与情感教育活动

我们可以创造各种情感教育的机会,如一起观看感人的电影,阅读有关情感的故事书,或者参与一些绘画、手工等创意活动,来表达不同的情感。以下是一个具体的例子,展示了如何通过观看电影来鼓励孩子理解情感,培养共情力。

（1）选择电影。选择一部适合孩子观看的感人电影，其中包含丰富的情感元素，并且主题友善。

（2）观看电影。和孩子一起观看电影，在观看的过程中，我们可以做一些小的停顿，通过讲解帮助孩子厘清人物关系和故事情节。

（3）讨论情感。在电影结束后，与孩子展开一场讨论。可以问问他们对角色的情感的理解，如为什么他们会产生这些情感，他们如何处理这些情感。我们还可以询问孩子："假如你是电影中的某个角色，你会有怎样的感受呢？你会做出怎样的回应呢？"同时，我们也可以分享自己的感受，展开更深入的对话。

（4）引发联想。在充分讨论角色情感后，我们可以询问孩子："在校园里或生活中，你有没有遇到过类似的事情或者情感体验？你和你的朋友是怎么做的？你是什么感受？以后再发生类似的事情，怎么做会更好呢？"

3 情感模仿和角色扮演

我们还可以利用角色扮演的方式，让孩子体验不同的情感。我们可以提供一些情境，让孩子扮演不同的角色，从而理解和表达相应的情感。例如，设定一个场景：孩子在学校遇到了一位新同学，他想与新同学交朋友，但因为害羞而感到紧张，该怎么办呢？让孩子通过分别扮演家长、老师和新同学，在模拟中体会不同角色的心理，从而更好地理解自己和他人的情感。

通过这些策略，我们可以逐渐培养孩子的共情力，让他们学会关心他人、理解他人的情感。这将帮助他们在日常生活中更好地与他人互动，建立积极的人际关系。

第四节

我带领孩子爱家乡、爱祖国

情景再现

如何引导孩子爱家乡、爱祖国？

轩轩爷爷70多岁了，住在杭州。他特别幽默风趣，每天都坚持体育锻炼，看上去比60岁的人还精神。平日里轩轩爷爷非常喜欢看体育比赛，十分关注大型赛事。他家的墙上还贴着"苏炳添正在冲刺"的海报，挂着杭州亚运会的标志牌，更有趣的是他还收集了许多大型赛事的剪报……

周末，上小学的轩轩去看望爷爷。走到楼下时，他看见爷爷一个人拿着锄头在家门口的空地上种花。轩轩走过去，不解地问："爷爷，您怎么种上花了？"爷爷笑笑说："社区免费发放了种子和种花指导手册，我这可是为亚运会做贡献啊！"轩轩疑惑不解地问："种花？这和亚运会有什么关系？"爷爷说："我们种花就是为了把杭州这座城市装扮得更美丽,让外国友人看看我们的家乡、我们的祖国是多么美丽!虽然我们不能到亚运会赛场上出一份力,但是你种一朵花,他种一棵树,就有成片的美景了,这也是在为亚运增光彩嘛!"

轩轩恍然大悟地笑了:"原来是这样!爷爷我想和您一起种花,我也要为美丽的杭州贡献一份力量!"爷爷开心地笑了起来,"当然可以,我们一起来美化家园、美化杭州。"轩轩点点头,"我也要像爷爷那样从身边的小事做起,积少成多,为我们的城市、我们的祖国做一些力所能及的事情。"

现象解读

榜样的作用

榜样对儿童和青少年的成长具有非常深远的影响。榜样能够引导孩子形成积极的价值观，培养孩子的优良品德，并且在塑造孩子性格和影响孩子行为方面也发挥着十分关键的作用。案例中，轩轩爷爷从生活中的小事入手，为家乡、为祖国增添光彩的榜样行为对轩轩产生了积极、正面的影响，其影响主要体现在以下四个方面。

（1）价值观的传递和塑造。我们可以成为孩子的榜样，通过自己的言行举止传递积极、正确的价值观。孩子往往更愿意听取他们认可和尊敬的长辈的意见和想法，也更愿意学习榜样的思维模式和解决问题的方式，从而形成诚实守信、宽以待人、坚韧不拔等正确的价值观。

（2）行为模式的建立。孩子在模仿榜样的过程中，会逐渐形成良好的行为习惯和模式。如果周围的榜样严于律己、勤奋好学，并且积极参与社会活动，为集体、社会、国家做贡献，那么孩子也自然而然地会受到

影响,从而通过模仿榜样而习得这些利人利己的正确行为。榜样的存在激励着孩子养成积极向上的心态,成为更好的自己。

(3)自信心和自尊心的增强。看见在困境中坚持不懈、克服困难的榜样,孩子会明白困难并非不可逾越的障碍,榜样可以咬牙坚持,克服困难,那么自己也能够成功克服困难。榜样的经历可以帮助孩子建立自信,相信自己也能够面对挑战,实现自己的目标。此外,榜样的肯定和认可也能增强孩子的自尊心,让他们意识到自己的价值和能力。

(4)激发兴趣和动力。孩子可能会因为看到榜样在某个领域取得成功而激发自己的兴趣,进而投入时间和精力去学习和探索。榜样的存在能够成为孩子前行的动力,让他们不断追求更高的成就。

应对策略

1. 强化榜样意识,激发爱家乡、爱祖国的情怀

我们可以耐心地以故事的形式向孩子讲解祖国对每个人的生活和成长的影响,让孩子意识到繁荣稳定的国家对于个人幸福生活有多么重要。我们还要教导孙辈尊重他人、关心社会,让他们明白自己身上承载着家族和国家的期望。我们经历过艰苦奋斗的岁月,见证着国家是如何一步步走向强大,因此,我们可以现身说法,从自身经历出发,帮助孩子了解过去先辈为了建设新中国所做出的牺牲和贡献,激发孩子对先辈的敬仰和对祖国的热爱。我们作为历史的参与者和见证者,要强化自身的榜样意识,时刻牢记要以身作则,通过自身的言行举止来潜移默化地教导孩子爱家乡、爱祖国。以爱国主义为核心的家庭教育,将有助于培养孩子的爱国情怀,从而引导他们成长为正直、善良的优秀公民。

2. 选择适宜活动,增强对爱家乡、爱祖国的具体认知

我们可以根据孩子的喜好和个性特点,采用个性化的活动增强他们对爱家乡、爱祖国的具体认知。有一些孩子可能更喜欢通过参观历史遗址来学习,而有一些孩子则更愿意通过阅读和听故事来获取知识。我们要因材施教,选择最适合自家孩子的学习方式,更好地激发孩子的兴趣和提升孩子的参与度。需要注意的是,由于过去的历史岁月对于孩子来说已经很遥远,因此,我们在通过历史故事引导孩子萌生爱国情怀的过程中,孩子有可能无法立即产生深刻的共鸣,此时我们要有耐心,并通过更合适的方法和更贴近他们生活的途径激发孩子对家乡和祖国的热爱。

3. 与孩子建立信任和亲密关系,积极互动,全方面引导

与孩子建立信任和亲密关系,是进行有效爱国主义教育的重要前提。我们要倾听孩子的想法和观点,尊重他们的独立性,并与他们进行积极的互动,以建立良好的氛围,开展有效的沟通。当我们和孩子建立起强有力的情感纽带时,孩子会更乐意听祖辈讲过去的故事,并从内心深处升起对祖辈和先辈的敬仰之情。除了家庭教育,我们还可以鼓励孩子参与学校和社区的相关活动,让孩子在多种环境中接触到爱国主义教育的内容。

试试这样做

我们在培养孙辈爱祖国、爱家乡的过程中，可以尝试以下这些方法和实践活动。

1. 言传身教和实地探访相结合，提高学习兴趣

一方面，我们可以言传身教。通过讲述如开国元勋、抗战英雄的事迹，激发孩子的兴趣，让他们了解伟大人物的奋斗历程和牺牲精神。也可以给孩子提供与爱国主义相关的书籍、文章和影片，并鼓励他们开展学习。另一方面，我们可以积极参与爱国主义教育实践，如与孩子共同参加一些与爱国主义相关的活动。例如，参加阅兵仪式、升旗仪式、革命烈士纪念活动等。通过亲身参与，孩子能够切实感受到爱国主义情怀。除此之外，我们还可以带领孩子前往与国家历史、文化相关的地点进行实地探访，如当地的纪念馆、革命遗址，或相关的博物馆。在实地探访的过程中，我们可以对相关历史事件进行解说，让孩子更深入地了解国家的发展历史和英雄人物的故事。我们还可以在平日里鼓励孩子积极参与志愿服务和社区工作，培养他们的社会责任感。通过亲身参与，孩子渐渐地体会到为社会和国家做贡献的重要性和成就感。

❷ 展示家族历史，注重家风传承

我们可以向孩子讲述家族的历史、传统和价值观，定期组织家庭聚会、祖先纪念活动或者家族文化节，邀请家族成员共同交流和分享家族的故事。也可以编制家族档案和族谱，记录家族成员的姓名、出生日期、职业、成就等信息；收集和整理与家族成员有关的照片、信件、文献、证书等内容，创建家族的文化宝库。除此之外，我们还可以带领孩子参观祖居，在这些地方讲述家族故事，让后代身临其境地感受祖先的生活环境和历史背景。

❸ 用爱开展爱国主义教育，注重倾听与沟通

我们在与孩子沟通时，要注重倾听孩子的想法和感受，展现自己对他们的尊重和关心，沟通是建立互相理解和信任的基础。同时，组织家庭聚会或者其他家族活动，如分享传统美食、讲述家族故事、开展传统活动，创造亲密的家庭环境，并和孩子多多交流和互动。最重要的是，我们要以爱为出发点，在温暖和关怀中进行爱国主义教育。在引导孩子学习和理解爱国主义的过程中，与孩子建立更深层次的情感联系。爱国主义教育是一个渐进的过程，需要耐心和持久的引导，才能让孩子真正地理解和接受。

后 记

隔代教养是我国传统的教育模式。据调查显示，有超过五成的孩子曾接受过祖辈的养育和教育。这一方面是受到我国"大家庭"传统观念的影响，祖辈理所应当地认为自己有义务帮助子女照料下一代；另一方面是随着社会节奏的加快，尤其是城市里的双职工父母，面临高强度的工作压力，难以平衡工作和育儿的双重重担，并且随着二孩、三孩政策的放开，多孩家庭比例逐渐上升，祖辈参与育儿成了大势所趋。

多年来，我从事幼儿园教育和学前教研员工作，接触了形形色色的家庭和祖辈，也对祖辈育儿中可能发生的常见问题较为熟悉。我们受浙江省关心下一代工作委员会委托，编写一本适合祖辈阅读的教养指导手册。为在有限的篇幅内尽可能地回答大部分祖辈最关心、最困惑、最迫切需要解答的问题，我和我的团队研制了《祖辈育儿问卷调查（家庭版）》《祖辈育儿问卷调查（教师版）》两套问卷，收集祖辈育儿过程中最真实的想法、困境和需求。本次调

查共回收有效问卷21348份,涵盖浙江各个县(市、区)。

本书基于调研结果,结合相关案例和理论研究,对共性问题进行了分析,并为祖辈们准备了轻松易上手的实操方案和游戏范例,希望缓解祖辈育儿的压力,缓和家庭矛盾,助力祖辈在享受天伦之乐的同时轻松带娃。

本书的顺利出版要感谢华东师范大学教育学部学前教育学系范洁琼副教授及其团队成员邓钰、王绮琪,浙江师范大学儿童发展与教育学院汪超艺博士及其团队成员章迪丽、谭敏、孙晖,以及杭州市滨江区白金海岸幼儿园柴吴科老师。同时还要感谢杭州市各区、县教研员及杭州市滨江区各幼儿园园长对问卷发放的鼎力支持。这是我们迈出祖辈育儿研究的一小步,同时也期望成为助力祖辈科学育儿,促进家庭和谐的一大步!

由于编写时间、精力等有限,本书仍存在不足之处,敬请读者不吝赐教。

俞鎏容

2023年11月于杭州